새/내/기
교사론

새/내/기
교사론

좋은 선생님이 되기 위한 **교직실무의** 길잡이

정일화 지음

책을 펴내며
~~~~~~~~~~

　나의 교직 생활에서 마지막으로 학급 담임을 맡았던 자식 또래의 제자들과 만남을 이어 온 지 10년이 지났습니다. 이 가운데 두 명의 제자가 교사가 되어 같은 길을 걷고 있습니다. 나와는 스승과 제자이자 선후배 교사로, 둘은 친구이자 동료 교사로서 교직의 길을 걷는 셈입니다.

　두 제자는 첫 출근과 개학을 앞두고 나를 찾아 교직에 대한 희망을 품게 하고 성취할 수 있게 이끌어 줘 고맙다는 인사를 하였습니다. 교사의 모범을 훼손하지 않고 좋은 선생으로 제자에게 비쳐 다행이고 감사할 따름입니다. 자신에게 결여된 바를 자녀에게 실현되길 바라는 것은 아버지의 경건한 소원이라고 괴테Goethe는 말했습니다. 두 제자가 학생에게 존경받는 항구한 교육자의 모습으로 살아가기를 바라는 마음을 담아 좌충우돌한 초보 교사 때의 시행착오를 돌아보며 먼저 걸어온 교직 경험을 조각조각 퍼즐 맞추듯이 틈틈이 편지를 보냈습니다.

　옳은 일을 올바르게 하는 데 도움이 되게 사랑하는 제자에게 보낸 이 편지글이 하루가 다르게 변하고 있는 교단 현실 속에서 새내기 교사와 예비 교사에게 사도師道의 한 길을 안내하는 길잡이가 되기를 소망합니다.

2020. 5.

청운령 교정에서 정 일 화

교직의 여정을 시작하는 제자에게 보내는 첫 편지[1]

송 선생님이 나의 모습을 통해 교사가 되기를 희망하였고 교사의 길로 이끌어 주어 감사하다고 한 말은 나에게 더할 수 없는 찬사요, 보람입니다. 교직 여정의 첫발을 떼려 하는 제자에게 느끼는 심정은 먼 길을 떠나는 자식을 바라보는 부모의 마음과 다를 바 없다 할 것입니다. '청출어람靑出於藍'이라 하듯이 먼저 걸어온 스승보다 더 나은 제자가 되기를 바라는 뜻에서 시행착오를 거친 경험을 바탕으로 몇 가지 당부를 하려고 합니다.

부모가 자녀를 아끼고 사랑하는 마음은 하늘에서 부여받은 자연스럽고 당연한 일입니다. 선생님도 부모의 마음으로 학생을 대해야 합니다. 자녀의 올바른 성장을 위해 엄한 아버지의 모습과 자애로운 엄마의 역할이 필요하다는 뜻으로 '엄부자모嚴父慈母'라고 합니다. 학생을 가르칠 때도 이 두 모습이 요구됩니다. 상황에 따라 엄격하게 때로는 온유하게, 절도가 있으면서 친절하게 학생을 대해야 합니다.

학생은 선생님을 따라 도는 해바라기입니다. 교사의 말 한마디, 행동 하나하나에 주의를 기울이고 시선을 모읍니다. 교사가 무심코 한 언행은 학생에게 평생 지우기 어려운 영혼의 상처가 될 수 있고, 오래 소중하게 품을 훈장일 수 있습니다. 희망과 긍정을 불러일으키는 마음이 담긴 언어로 대화하고 행동하는 연습을 해야 합니다. 도토리가 떡갈나무를 품고 있듯이 당장은 어리나 큰 나무로 성장할 학생을 존중하는 마음을 품어 대하길 바랍니다. 우리가 가르치는 학생은 영원히 어린아이로 머물러 있지 않습니다.[2]

나의 스승께서는 온몸으로 가르치자고 강조하였습니다.[3] 좋은 본보기는 최고의 교육입니다. 벤저민 프랭클린Benjamin Franklin은 "누구도 개미보다 더 잘 설교할 수 없다. 개미는 말을 한마디도 안 한다*None preaches better than the ant, and she says nothing.*"라고 했습니다. 실천이 따르지 않는 교육은 위선입니다. 학생은 선생님의 말만 듣고 배우는 것이 아니라 그 선생님을 보며 배웁니다.[4] 가르치는 일은 지식 전달을 넘어 삶의 방향을 찾아가는 등불이기에 사표師表로서 교사의 말과 행동의 일치는 살아 숨 쉬는 교육 그 자체입니다.

지난 만남에서 송 선생님은 내가 꾸준히 연구하며 책과 논문을 쓰겠다는 다짐을 우리 학급에서 밝힌 적이 있다고 말했습니다. 그동안 여러 권의 책을 출간하고 논문을 발표하여 다행히 다짐을 지킨 셈이지만 교직을 마무리할 때까지 더 노력해야겠다는 마음을 다시 다졌습니다. 문화의 전승傳承처럼 가르치고 배우는 것은 인간관계의 본연本然입니다. 이런 면에서 교학상장敎學相長은 교단의 특징을 돋보이는 말입니다. 배우며 성장하는 학생이 그렇듯이, "정체되지 않고 성장하고 발전하여 앞으로가 더 기대되는 교사가 되고 싶다."는 어느 신규 교사의 지향志向처럼,5 가르치는 교사는 일신우일신日新又日新합니다.

　배움에는 끝이 없습니다. 감성교육으로 널리 알려진 슈타이너Steiner 학교의 교사를 위한 실무 가이드를 만든 로이 윌킨슨Roy Wilkinson은 가르치는 일에는 끝이 없으며 더 나은 교사가 되는 데 종착점도 없다고 했습니다.6 괴테Goethe는 아이가 어리다고 보이는 대로 함부로 대접하면 그보다 못한 사람이 되지만 잠재력대로 대접하면 그보다 큰사람이 될 수 있다고 하였습니다.7 우리는 우리에게 준비된 것만큼 볼 수 있어서,8 학생의 잠재력을 더 많이 보려면 꾸준히 지식을 연마해야 합니다. 이해인 시인의 「어느 교사의 기도」의 시구詩句처럼, "가르치는 일은 더 성실한 배움의 시작임을 기억하며"9 자신의 고유한 색깔과 모습으로 학생과 즐겁게 생활하고, 서두르지 않고 인내하면서 오랜 여정의 아름다운 결실을 기원합니다.

참고문헌

1 한국교육신문(2018. 5. 14). 새내기 교사가 된 제자에게.

2 주삼환(2016). 21세기 한국교육: 진단과 처방. 학지사. p. 174.

3 주삼환(2009). 교육이 바로 서야 나라가 산다. 한국학술정보. p. 198.

4 노상미 옮김(2011). 가르친다는 것은. 이매진. p. 260.

5 김한별(2018). 내일이 더 기대되는 학교. 교원교육소식 88호. 한국교원교육학회.

6 송순재, 고병헌, 황덕명 엮음(2014). 영혼의 성장과 자유를 위한 교사론. 내일을여는책. p. 167.

7 강준민 옮김(2003). 리더십의 법칙. 비전과리더십. p. 177.

8 차동엽(2006). 무지개 원리. 위즈앤비즈. p. 189.

9 이해인(2016). 꽃이 지고 나면 잎이 보이듯이. 샘터. p. 174.

차 례

Chapter 1. 교육의 여정에서 끝없는 질문
교육은 무엇인가

Chapter 2 교직의 여정에서 후회를 줄이는 끝없는 확인
교사는 누구인가

Chapter 3 나를 닮아 가는 또 다른 나의 자화상

학생은 누구인가

Chapter 4 학생의 미래를 위한 교사의 끝없는 노력
수업이란 무엇인가

Chapter 5 웃음과 모험이 가득한 신비의 세계
교실을 어떻게 열까

교육의 여정에서 끝없는 질문

교육은 무엇인가

감성을 기르지 않으면서 이성을 교육하는 교육은 전혀 교육이 아니다.

Educating the mind without educating the heart is no education at all.

— 아리스토텔레스Aristotle —

왜
가르치는가?

교육은 스미는지 모르게 서서히 스며들어 지식이 쌓이고 성장합니다. 때로는 수많은 교사를 만나 같은 말을 수없이 들어도 무덤덤하게 지내던 학생이 어느 순간 변화를 보입니다. 가르치는 일의 경이로움 가운데 하나는, 전혀 예상하지 못한 일이 언제든 일어날 수 있다는 것입니다.[1] 교육은 누구도 확언하기 어려운 신비로운 힘을 갖지만 가끔은 현실의 높은 벽과 마주해야 하기도 합니다. 학생은 교사의 일거수일투족과 말 한마디에도 영향을 받습니다. 이 때문에 교사는 자신에 대한 성찰과 '왜 가르치는가'라는 의미를 끊임없이 되묻곤 해야 합니다.

바다에 나갈 때는 한 번 기도하고, 전장戰場에 나가려면 두 번 기도하고, 결혼하려면 세 번 기도하라는 러시아 격언이 있습니다. 교직은 매년 어느 정도 익숙해지면 새로운 학생들을 만나 또 다른 관계를 시작해야 하는 특수성이 있습니다. 가르치는 일에 나서기란 전쟁터나 결혼보다 더 어려운 길일 수 있습니다. 차를 운전할 때 멀리 시선을 두는 자세를 잡아야 제 방향으로 갈 수 있듯이 가르치는 일도 '왜 가르치는가'라는 뚜렷한 목표를 갖고 목적지를 향해 가야 어떤 상황에서도 방향을 잃지 않고 나아갈 것입니다.

어떤 일에 있어서 효과 여부와 쓸모 유무를 곧바로 알아내기는 어렵습니다. 교육도 마찬가지입니다. "교육은 쓸모없어야 쓸모가 있다. 교육의 쓸모는 무용지물에서 찾아야 한다."라는 역설적인 말도 있습니다.[2] 교육의 효과를 보이는 데 필요한 숙성 기간을 기다리지 못하고 눈앞의 무용無用을 당연시하거나 가능성을 경시하거나 무시하면 안 될 것입니다. 카뮈Camus는 불우했던 어린 시절 자신의 재능을 알아보고 지식의 세계로 이끈 제르맹Germain 선생님에게 노벨Nobel 문학상 수상의 공을 돌리며 선생님을 힘껏 끌어안고 싶다고 말했습니다.[3] 교육은 한참의 시간이 흘러서 열매를 맺는 속성이 아주 강합니다.

학교생활은 학생의 전체 삶에서 보면 잠깐이지만 삶의 목표를 성취할 힘을 축적하는 기간입니다. 복용한 약이나 수술의 경과처럼 빠른 효과가 때로는 필요하지만 교육은 길게 보아야 합니다. 아래의 말은 '경쟁'이라는 사회적 압박에 휩쓸릴 수 있는 우리 교육자에게 큰 울림을 줍니다.

효과가 있으면 하고 효과가 없으면 안 한다는 생각을 합리주의라고 할 수 있지만, 교육에 적용하는 것은 잘못입니다. 아이들이 학교에서 보내는 하루하루가 소중한 인생입니다. 이 인생을 아이들 나름대로 기쁜 마음으로 충실하게 살아가는 게 중요합니다. 우리의 목표는 여기에 있어야 합니다.

      - 햇살과나무꾼 옮김. 『나는 선생님이 좋아요』[4]

"학교는 죽었다."라고 한 라이머Reimer의 급진적 학교 무용론도 따지고 보면, 학교 교육 자체를 부정한 것은 아닌, 본질에서 이탈한 기존 교육에 대한 비판입니다. 톨스토이Tolstoy의 『안나 카레니나Anna Karenina』에서 동생 레빈Levin이 "학교는 무슨 필요가 있지요?"라고 묻자, "무슨 말이냐? 넌 교육이라는 것 자체에 의문을 품고 있구나. 학교가 네게 유익했다면 다른 누군가에게도 유익할 게 아니냐."라는 형 이바노비치Ivanovici의 반문을 통해 자기모순에 빠진 모습을 돌아본 레빈처럼,[5] 교육의 유익과 효과는 일상에서 느끼지 못하고 호흡하는 산소와 같다 할 것입니다. 본래 교육은 성 아우구스티누스Augustinus에게도, 나폴레옹Napoléon에게도 유용했던 것처럼, 누구에게나 유익한 것입니다.[6]

교육에 대한 기대가 커질수록 곧바로 눈에 보이고 손에 쥐어야만 쓸모 있는 교육으로 여기는 경향이 짙어 갑니다. 하지만 활동과 회복에 필요한 기초체력과 같은 교육의 기본과 본질을 잊어서는 안 될 것입니다. 감기를 빨리 낫게 하려고 무리하게 약을 처방한 탓에 부작용을 일으켜 오히려 건강을 해치면 안 되는 것처럼, 가르치는 일을 수단으로 삼아 교육의 본질이 변질되어서는 안 됩니다. 교육이 도덕적이려면 칸트Kant의 정언명령定言命令대로 인간을 목적으로 대해야 합니다. 인간은 존재만으로도 절대적 가치를 지닙니다.[7]

목적과 수단이 뒤바뀌어 그릇된 지배적 사회질서를 정당화하고 유지하기 위해 가르치고 있지 않는지 살펴야 합니다.[8] 인간존중과 인간애의 실천, 그리고 공공선公共善에 충실한 교육을 해야 합니다. 인류의 불행한 역사를 돌아보면, 아우슈비츠Auschwitz 수용소에서 인간성을 짓밟고 잔혹하게 살해한 악행에 그늘진 교육의 책임을 피할 수 없습니다. 다른 한편, "수인囚人을 정신적 조난자로 만들었던 굴욕과 부도덕에서 나를 지키겠다는 의지를 고집스럽게 지켜낸 것, 동료와 나 자신에게서 사물이 아닌 인간의 모습을 보겠다는 인간에 대한 지칠 줄 몰랐던 관심과 의지가 생존에 도움이 되었다."라는 증언에서,[9] 교육은 인간성을 지키려는 의지에 영향을 미쳤다 할 수 있기에 희망적입니다. 이처럼 교육을 수단으로 삼는지 교육 본연의 목적에 충실한지에 따라 교육은 인류의 비극을 부르기도 하고 공영共榮을 가능하게도 합니다.

무엇을
가르칠 것인가?

교육은 생명을 경외하는 인간 본성을 고양하고 삶을 풍요롭게 하는 교양과 세상을 이롭게 하는 지식을 갖춰 성실하게 생활하는 시민교육을 지향해야 합니다. 스펜서는 교육의 목적은 인격의 형성이고, 간디Gandhi는 인격 없는 지식과 인간미 없는 학문은 사회적 죄악이라고 했습니다. 윤리의식과 책임의식 등 기본 인성을 갖추지 못한 재능은 사회에 심각한 해악을 끼칠 수 있습니다.[10] 제2차 세계대전 때 아우슈비츠 수용소 참상의 목격자는 다음과 같이 교육자에게 말했습니다.

교육받은 엔지니어가 세운 가스실, 교양 있는 의사에게 독살된 아이들, 훈련받은 간호사에게 살해당한 유아들, 고등학교와 대학교를 마친 사람들의 총을 맞고 불에 타 죽은 여인들과 아기들. 그래서 나는 교육을 의심합니다. 당신의 학생이 인간이 되도록 도와주십시오. 교육자의 노력이 아이히만Eichmann[11]과 같은 박식한 괴물, 숙련된 정신병자를 배출하는 데 결코 사용되어서는 안 됩니다. 읽기와 쓰기, 셈하기는 우리 아이들을 좀 더 인간답게 하는 데 이바지할 때만 중요합니다.
                                    - 신득렬. 「교직을 위한 윤리 연구」[12]

미국에서는 교사를 교과 지식을 가르치는 사람으로 여겼으나 점차 인성과 시민교육을 묶어 생각하려는 경향을 보입니다.[13] 구분한다 해도 학교 전체적으로는 학생의 학력에만 치우치지 않고 윤리적 행동을 강조하여 지도하고 있습니다. 어느 초등학교의 예를 들면 아래의 6가지 핵심 가치를 몸에 배게 가르치고 있습니다.

첫째는 공정과 정의로 옳은 일이 무엇인지 알고 실천하며, 다른 사람을 공정하게 대하고 타인의 권리를 인정한다. 둘째는 자신과 타인에 대한 존경으로 자기 규율 실천, 예의 바르기, 재물 존중, 타인에 대한 배려 행동, 정중한 언어 사용, 자신의 육체·정신·정서를 존중하는 결정, 약물·성에 대한 바른 행동. 셋째는 책임으로 자신의 행위에 대한 책무성, 생각하고 행동하기, 믿을 수 있게 행동하기, 모범이 되기, 실수에 대해서는 솔직하게 인정하기. 넷째는 신뢰 측면에서 정직, 자기 일은 자기가 하기, 성실하기, 약속 지키기, 충실하기. 다섯째는 보살피기caring & compassion, 자기가 대접받고 싶은 대로 타인을 대하기, 친절하기. 여섯째는 시민정신으로, 권위 존중과 법 준수, 스포츠맨십 발휘, 국가를 위해 봉사하고 희생하는 사람에 대한 존경, 자기 몫을 감당하기, 지역사회를 위한 봉사와 자선, 환경보호, 지역사회의 생활에 대하여 알고 참여하기.
- 주삼환 지음. 『미국의 교장』[14]

우리는 성적지상주의成績至上主義에서 벗어나 어릴 때부터 기본에 충실한 교육을 가장 먼저 챙겨야 합니다. 어릴 때부터 바른생활이 몸에 배게 가르쳐야 합니다. 가정에서, 학교에서 배우고 익히지 않는다면 언제 어디서 제대로 배울 수 있겠습니까? 부모의 바른 마음이 태교부터 이어져 아이가 태어나 학교에서 뛰놀고 배우면서 바른 교육으로 싹을 돋고 제대로 된 열매를 맺을 수 있게 가르쳐야 할 것입니다.

마지막으로 아리스토텔레스의 말을 기억하면 좋겠습니다. "감성을 기르지 않으면서 이성을 교육하는 교육은 전혀 교육이 아니다."

어떻게
가르칠 것인가?

1936년에 제작된 블랙코미디 무성無聲 영화인 *모던 타임스Modern Times*에서 찰리 채플린Charley Chaplin이 움직이는 컨베이어 벨트를 따라 쉴 틈 없이 나사를 조여대는 모습은 성과와 경쟁의 강박 속에 살아가는 현대인과 닮았습니다. 교육의 현장에서도 이같이 무감각하게 경쟁과 빠른 성과에 매몰되어 본질을 잃어 가는 모습을 볼 수 있습니다. OECD 국가 가운데 우리나라 아동과 청소년의 수면 시간은 짧고 학습 시간은 최고 수준이지만, 학업성취도에서는 비교 국가와 별 차이가 없는 반면에 청소년 사망 원인 1위가 자살로 나타나는 등 삶의 만족도는 최하위입니다.[15]

이런 실태에 대해 "기존 교육은 배운 내용이 삶과 어떤 영향을 주고받고, 이것으로 무엇을 해야 하고, 무엇을 할 수 있는지에 대한 고민을 담아내지 못했다."는 지적이 있습니다.[16] 아이들은 주변의 압박이나 시선에서 벗어나 남들과 견주어 조급해하지 않으며 자신이 추구할 삶에 대해 생각할 수 있어야 합니다.[17] 남이 뛰니 나도 덩달아 뛰는 부화뇌동의 교육이 아니라, 학생 개개인이 하고 싶고 잘할 수 있는 것을 찾을 수 있게 도와주고 타인과 더불어 살아갈 방향을 제시하는 교육이어야 합니다.

우리는 교육을 농사에 빗대 종종 말합니다. 농부는 토양과 절기에 맞춰 정성 들여 작물을 가꾸고 결실을 기다리는 진인사대천명盡人事待天命의 태도를 갖습니다. 맹자孟子는 "예단하여 정하지 말고, 잊지 않고 마음으로 챙기되, 기다리지 못하고 조바심에 도와주려고 해서는 안 된다必有事焉而勿正, 心勿忘, 勿助長也", "농부가 토양과 기후 등을 살피지 않고 제 뜻대로 무엇을 심고자 하거나, 물대기나 김매기를 까마득히 잊어버리거나, 빨리 자라길 바라는 조급한 마음에 새싹을 잡아당긴다면 농사를 망칠 것이다揠苗助長"라고 하였습니다. 햇빛과 물, 농부의 지식, 인내와 노력, 기다림 등 필요한 모든 게 적절하게 어우러질 때 풍성한 수확을 얻을 수 있습니다.

학교에서 가르치는 일도 그렇습니다. 학생은 언제 어떤 열매를 맺을지 모르는 다양한 씨앗을 품고 있습니다. 고유한 존재인 학생마다 소질과 시기가 다른 성장의 차이를 고려하지 않고 꿈과 포부를 키워 주는 정도를 넘어서 너는 무엇이 꼭 되어야 한다거나, 어떻게 하라는 지나친 간섭보다는 성심을 다해 가르치고 다양한 성과를 기다리는 태도가 필요합니다.

공자는 채찍이 필요한 제자가 있는가 하면 고삐가 필요한 제자도 있어, 손쉬운 고삐로는 다룰 수 없는 제자 자로子路의 성격적 결함이 동시에 유용하다는 것을 알고, 자로에게는 대강의 방향을 제시했다는 전언이 있습니다.[18] 공자가 제자를 관찰하여 개인에 맞게 어떻게 가르칠지를 생각한 것처럼 양 떼를 한꺼번에 몰 듯 몰아가는 교육이 아니라 학생마다 필요한 것을 알맞게 가르치려는 노력이 중요합니다. 교육은 학생이 자신의 길을 찾아가도록 도와야 합니다.

학교 교육의
가치와 방향

학교에서 모든 것을 다 가르칠 수는 없기에 학교 교육은 무엇을 가르쳐야 할지를 명확히 하는 것이 중요합니다. 학교는 지식 외에도 삶에서 마땅히 지키고 해야 할 당위當爲와 더불어, 드러나지 않아도 일상생활의 저변에 유용한 역량을 키워 줘야 합니다. 장자莊子는 쓸모없다 생각해도 쓸모 있다는 뜻의 '무용지용無用之用'을 말했습니다. 사람의 몸에서 눈과 귀같이 인식되는 것만 유용하다고 생각할 수 있겠지만, 모든 기관은 제각각 유용한 기능을 하고 있어 소중하지 않은 게 없습니다. 아무 쓰임새도 없다는 생각은 단편에 지나지 않습니다. "가는 데 바쁘면 딛는 땅만 쓸모 있다고 여길 수 있으나, 발을 딛지 않는 땅도 걷는 데 꼭 필요합니다."19

'도룡지기屠龍之技'라는 말이 있습니다. 많은 돈과 시간을 들여 용을 잡는 기술을 배웠더니 잡을 용이 없다는 뜻으로 풀이되곤 합니다. 몇몇 격언과 속담이 의미가 바뀌어 쓰이듯이 이를 다르게 해석하고 싶습니다. 도룡지기는 용이라도 잡을 만한 저변의 역량인데 세상이 가치를 모르고 보이는 것으로만 확인하려는 얄팍함을 꼬집는 속내가 있다고 생각합니다. 교육의 깊이를 모르고 당장 눈에 보이는 성과를 바라는 세태에도 빗댈 수 있을 것입니다. "지위至爲는 행하지 않는 것이고, 지언至言은 말을 하지 않는 것이고, 지사至射는 쏘지 않는 것이다."라고 합니다.[20] 교육은 산소처럼 세상 사람들이 느끼지 못하고, 빙산의 일각처럼 드러나지 않는 데 더 큰 역할과 움직임이 있습니다. 하지만 아래의 글처럼 과열된 성적 경쟁으로 인해 홍익인간과 민주시민의 자질 함양을 위한 본연의 교육을 쓸데없는 도롱지기로 폄훼하는 인식이 사회에 팽배한 것은 아닌지 염려스럽습니다.

> 대입 실적이 괜찮은 고등학교에서 인성교육을 실시하려 하자 학부모들이 교장에게 "누가 당신더러 인성교육하라고 했느냐. 좋은 대학 보내 달랬지" 하면서 항의했다고 한다. 시험 위주로 공부를 시키다 보니 올바른 인간의 도리에 대해서는 관심을 갖지 않게 되었다.
> - 이원재 지음. 『과거공부를 알아야 우리 교육이 보인다』[21]

배우는 학생은 학생대로 현실의 생활과 미래의 삶과 동떨어진 교육과정과 교육방식에 속을 끓이고 있을지 모를 일입니다. 실생활에 필요한 지식을 학교에서 배울 수 없다는 학생의 비판에 독일 사회가 논쟁을 벌인 일이 있었습니다. "나는 곧 18세가 된다, 하지만 세금, 집세, 보험 등에 대해 아는 바가 없다. 그러나 시를 분석하는 데는 능하다. 그것도 독일어, 영어, 프랑스어, 스페인 언어로 ….."[22] 이 요구를 학교가 반영해야 할지, 이 같은 것은 학생 스스로 또는 가족에게서 배워야 할 것인지에 대한 갑론을박이 있었습니다.

당위와 유용을 균형 있게 교육하기란 참으로 어렵습니다. 당장 시시콜콜하게 필요한 것을 바라는 학생에게는 원대한 도롱지기의 학교 교육을 까마득히 먼 세상의 이야기로 여길 듯하고, 진학하는 대학에 따라 미래의 삶이 좌우된다고 여기는 학생과 학부모에게도 도롱지기는 쓸모없는 재주로만 보일 수 있습니다. 학교는 대입이란 당면 요구를 좇아 상당 부분 문제풀이 연습에 매몰된 채, 학생의 현재와 미래의 삶을 진정 풍요롭게 할 교육과정을 간과하고, 실용과 당위를 모두 방임하고 있는 것은 아닌가 싶습니다.

고도 과학의 시대에 고전의 선문답에 머물러서는 안 될 것이고 현실과 미래의 실용으로 연결되어야 합니다. 당장은 쓸모없다 여겨져도 장차 더 크게 잠재능력을 드러내는 자양분을 소홀히 하면 안 되고, 학생이 맞닥뜨릴 급변하는 세상의 실용적 지식과 역량을 기르는 교육을 도외시해도 안 됩니다. 누가 뭐래도 학교에서 꼭 가르쳐야 할 것은 가르쳐야 합니다. 문제풀이 같은 단편 기능이 아닌 '공감능력 · 협업능력 · 의사소통능력 · 비판적 사고력 · 창의력'과 같은 보편적 역량을 키워 줘야 합니다.[23] 갈수록 변화가 가속되는 세상에서 일상생활의 역량을 높여 문제를 예측하고 해결하는 힘 또한 길러 줘야 합니다.

미래학자 리프킨Rifkin은 앞으로 인류는 한 번도 겪어 보지 못한 새로운 세상entropy에 직면하게 되고, '공감능력'의 획득 여부에 따라 개인과 집단의 생존과 운명이 결정될 것이라고 예측했습니다.[24] 예전에 하나였던 분야가 다분화多分化를 넘어 미세분화微細分化로 향하는 세상입니다. 전자·전기를 전공했다고 해서 그 분야를 모두 다 알수 없습니다. 한때 라디오나 TV 같은 제품 정도로 생각했던 전자분야는 수없이 분화되고 있습니다. 따라서 동일 분야와 다른 분야의 '협업'이 거의 절대적입니다. 광고를 제작할 때에도 소비심리, 그래픽, 사진, 의상, 조명, 무대장치 등 융합과 협업할 일이 많아져 '의사소통'이 중요합니다. 광고도 진부하지 않고 '창의적'이어야 효과가 있습니다. 소비자의 욕구를 제대로 짚어 자극할 수 있는 '비판적 사고력critical thinking'이 필요합니다.

협업 역량에 관한 이해를 돕기 위해 스티브 존슨Steven Johnson의 '좋은 생각은 어디에서 오는가Where good ideas come from?'라는 TEDTechnology Entertainment Design 강연을 소개합니다. 혁신적 생각은 실험실에서 홀로 현미경에 빠져 있을 때가 아닌, 실험실 동료가 모여 서로의 생각을 나누는 자리에서 생겨납니다. 배경과 이해관계가 다른 서로의 생각을 나누는 과정이 혁신을 이끕니다. 위성항법장치GPS: Global Positioning System 개발 과정의 이야기는 흥미롭습니다. 과학자 둘이 구내식당에서 점심을 먹으며 1957년 러시아의 전신인 소비에트Soviet 연방이 발사한 스푸트니크Sputnik 인공위성에 관한 대화를 나누다 위성 신호를 듣고 싶은 호기심이 발동해 사무실에 작은 안테나와 앰프를 설치하여 소리를 추적했습니다. 이 소리를 들으려고 모인 다른 실험실 동료는 역사적 소리라며 투박한 아날로그 녹음기를 가져와 녹음하다 주파수의 변화를 포착하였습니다. 움직이는 위성의 속도를 도플러효과로 계산하면 알 수 있을 것으로 생각하고, 다른 동료의 조언을받아 결국 주파수 소리만으로 인공위성의 궤적을 추적할 수 있었습니다. 선임연구자가 "거꾸로 위성에서 지구의 특정 위치를 찾을 수 있지 않을까?"라는 질문을 던졌습니다. 두 과학자는 이 문제를 해결해 GPS를 개발하게 되었습니다. 30년이 지난 뒤에 레이건 대통령이 GPS 기술을 개방형 플랫폼platform—으로 공개하여 오늘날 내비게이션과 자율주행 자동차가 가능한 것입니다.

점심식사를 함께 하며 떠오른 '창의적 생각'에 더하여 '비판적 사고'를 하며 '공감'하고 실행으로 옮겨 결과를 얻는 과정에서 '협업'과 '의사소통'의 중요함을 알 수 있습니다. 여기에서 지나치지 말아야 할 것은 지구와 태양의 지름과 거리를 외우는 단순 암기 지식에 그치지 않고 도플러 효과의 적용처럼 실천적 역량을 키우는 교육으로 이어져야 한다는 것입니다. 세계지도만 쳐다보는 것으로는 실제 세상을 알 수 없습니다.

개방과 공유의 정신도 중요합니다. 공감은 나의 마음을 상대에게 먼저 여는 일이고, 의사소통과 협업은 서로의 벽이 없어야 원활한 일입니다. 더 좋은 비판적 사고력, 더 훌륭한 창의력은 함께 나눌 때 생깁니다. 이 밖에도 간단한 것 같지만 쉽지 않은 시간관리, 일을 계획하고 우선순위를 정해 차례대로 추진하는 집중력과 실천력, 옳고 그름을 가름하는 분별력, 세상의 유혹과 게으름을 떨치고 극기 절제하고 지속할 수 있는 자기관리능력, 좌절하지 않고 다시 일어서는 회복력과 도전정신을 기를 수 있어야 합니다. 이처럼 학생에게 필요한 지식과 능력, 역량, 자질, 태도를 가르쳐야 할 것입니다.

무엇보다도 자신을 가치 있게 여기는 '자존감'을 키워 줄 수 있어야 합니다. 자신의 존재 가치를 가볍게 생각하는 학생이 의외로 적지 않습니다. 자기 존재의 긍정적 이해는 학교를 벗어나도 독립적으로 자기의 삶을 찾아 주체적으로 가꾸며 살아가게 할 것입니다. '무엇을 가르칠 것인가'에서 더 나아가, '무엇을 어떻게 배울 것인가'라는 학습자 중심으로 토의하여 결정하고 경험하면서 배워 나가게 발상을 전환하여 성공한 프레네Freinet 학교도 있습니다.25 이 모든 것은 궁극적으로 삶에 대한 안목을 내면화하고 세상 현상을 객관화해서 바라보고,26 어울려 살며 선의를 추구하고 삶과 생명을 소중하게 가꾸는 교육으로 수렴되어야 할 것입니다.

교육, 가정과 학교의
공동 책임

부모는 자녀를 누구보다 잘 아는 교육자입니다.[27] 가정교육은 어떤 교육보다 가장 먼저 이루어집니다. 부모의 행동과 성품은 자녀의 성정性情에 영향을 미칩니다. 경주 최 부잣집 이야기처럼 이웃을 선의로 대하고 선행을 베풀라는 가훈이 대대로 이어져 존경받는 가문이 있습니다.[28] 반면에 부모와 자식이 연이어 사회적 물의를 일으켜 지탄받는 가정도 있습니다. 부모의 폭력적 모습은 자녀의 공격성을 자극하여 비행을 유발하거나,[29] 아동의 눈에 비친 부모의 다툼은 자녀가 성인이 되어도 나쁜 영향을 미칩니다.[30]

국내 유명인의 어린 자녀가 어른에게 폭언한 사실이 밝혀져 대중의 분노를 불러일으킨 사건이 있었습니다. 우리 사회에서 심심찮게 문제 되는 권력 위계 간의 '갑질'이 아이에게도 나타나 탄식의 목소리가 들끓었습니다. 아이의 부모는 솔선수범해야 하는 사회 지도층으로 가정교육을 제대로 하지 못한 책임을 느끼고 언론을 통해 공개 사과까지 했습니다.

초등학교 3학년으로 어른 공경과 바른 언어 사용의 옳고 그름 정도는 알 수 있는 나이여서 질타의 대상이 되었지만, 보는 대로 배운다는 말처럼 제대로 본보기가 되지 못하고 바르게 가르치지 못한 어른의 잘못이 크다고 할 것입니다. '어른은 아동의 거울'이라고 교육심리학자인 반두라Bandura는 말했습니다. 드러난 결과로만 놓고 볼 때, 아이가 평소 생활하며 무심코 접한 어른들의 잘못된 언행이 은연중에 영향을 미치지는 않았을까 짐작해 봅니다.

학교 교육은 가정교육의 연장선에서 가정과 협력하고 보완하여 학생을 훌륭한 인격체의 시민으로 성장하게 하는 역할을 다해야 한다는 점에서 책임을 면할 수 없습니다. 그런데 국공립과 사립 학교의 구분을 떠나 말과 행동을 바르게 가르치지 못한 교육자의 반성을 그 어디에서도 들을 수 없었습니다. 한 아이를 키우는 데 온 동네가 필요하다는 말이 무색할 정도로 강 건너 불구경처럼 가정교육의 흠으로만 돌려 가십거리로 흘리는 듯합니다. 파열은 작은 틈에서 시작됩니다. 한 아이의 잘못이 학교 밖에서 발생했다 하더라도, 전체 교육의 큰 사건이라 여겨 자성하는 교육계의 모습을 볼 수 있으면 좋겠습니다.

이번 사건을 통해서 학교는 교육과정과 지도에 문제는 없는지를 돌아보고 개선을 위해 노력해야 합니다. 관계 부처는 사립 초등학교의 자율성을 인정하더라도 유사한 일이 재발하지 않게 학교에 무엇을 지원할 수 있는지를 살펴야 합니다. 교육의 과정에서 어른에게 공손하고 예쁜 말을 사용하는 것은 기본적인 일입니다. 사회가 기대하는 아동의 기본적 행동 규범을 무너뜨린 이번 사건을 통해 교육계는 가정교육을 보완하는 학교 교육에 빈틈이 없게 꼼꼼히 확인해야 할 것입니다.

새로운 세상에
눈뜨게 하는 교육

가르치는 일은 알게 모르게 조용히 세상을 변화시키는 일입니다.
나비의 미소微小한 날갯짓이 증폭되어 허리케인도 불러올 수 있다는
'나비효과'처럼, 교사의 가르침은 당장은 미미하여 눈에 띄지 않더
라도 장차 학생의 역동적 삶으로 변화되어 세상을 움직입니다. 사
람들의 영적 세계에 영향을 미친 종교인이나 역사를 바꾼 훌륭한
위인들 모두 학생 시절에 교사의 손길이 닿지 않은 이가 없습니다.

궁극적으로 더 많은 것을 알게 해 주는 학교 교육은 학생의 삶을
이해하고 학생이 아는 데서 비롯되어야 하지만, 학생의 삶을 제대로
살피지 못하고 아는 것을 제대로 짚지 못하는 경우가 적지 않습니
다. 오히려 "학교는 희한하게도 뒤집혀 있어 교사들이 잘못된 곳에
서 출발하는 일이 흔합니다. 대개 아이들이 모르는 것에서 출발하고
모르거나 자신 없어 하는 것을 알아내야, 이런 결함을 보충하고 약
점을 고치기 위한 교육과정을 짤 수 있다고 생각하는 꼴입니다."[31]

이를 바로잡는 교육이어야 합니다. 학생의 생활과 지식의 터전에

서 흥미를 이끌 수 있어야 합니다. 학생이 아는 것을 새로운 지식과 연결해서 더 많이 알 수 있게 가르쳐야 합니다. 진보주의 교육철학자인 프레이리Freire는 "학생은 학교에 올 때 이미 지니고 오는 자신의 생생한 사회문화적 경험에서 얻은 지식과 지혜를 과소평가하거나 부정하는 오류를 범하지 말고, 학교는 학생들의 산 경험에서 얻은 지식에서 교육을 시작해야 한다."라고 말했습니다.32

교사는 학생이 처한 환경과 세계관을 이해하고 존중하면서, 학생이 더 넓은 세상에 눈을 뜨고 꿈과 희망을 품어 새로운 삶을 생성하는 변화의 촉진자가 되어야 합니다. 어린 학생의 기존 경험과 지식을 간과하지 않고 교육으로 연결해 성공적인 삶으로 이끈 사례를 소개합니다. 한국의 다문화 가정에서 태어나 초등학교 4학년 때 어머니의 고향인 미국 미시간Michigan으로 건너간 학교에서 겪은 첫 시간의 이야기는 교육자에게 큰 교훈을 줍니다.

난 들을 줄만 알지 스펠링을 모르는데 어떡하지? 걱정이 태산인 나에게 척척 알아맞히는 아이들은 대단해 보였다. "요셉은 앞으로 나와 봐!" 봐주기는커녕 불러내시다니. 웃음거리나 바보가되거나 둘 중의 하나였다. 바지에 오줌을 싸기 직전이었다. "요셉은 한국에서 태어나 우리와 전혀 다른 말을 배우고 자라서 한국어를 아주 잘한다. 선생님 이름을 한국말로 써 줄래?" 내 귀를 의심했다. '한국어로 쓰라고? 달랑 이름 하나를?' 이름을 쓰고 나니여기저기서 환호가 터져 나왔다. "내 이름도 써 줘!" "나도 나도." 이름을 적을 때마다 아이들은 감탄사를 내뿜으며 박수를 쳤다. 근심과 두려움이 순식간에 기쁨과 자신감으로 바뀌었다. 나는 학교의 스타로 급부상했다. 그날을 떠올리면 아직도 가슴이 뜨거워진다. '영어를 못 하는 아이'가 될 뻔했던 나를 '한국어를 잘하는 아이'로 만들어 주셨다. 선생님은 나를 알았고, 나의 아픔을 충분히 감지하셨다. 계획한 학습 진도는 나가지 못했지만, 한 아이를 부끄럽게 하지 않으시고 인생을 빛 가운데로 인도해 주셨다.

- 김요셉 지음. 『삶으로 가르치는 것만 남는다』[33]

초등학교 학생들과 비밀리에 록 밴드를 만들어 벌어지는 이야기를 그린 *스쿨 오브 락*School of Rock이란 영화가 있습니다. 엉뚱한 보조교사 역의 잭 블랙Jack Black이 학생의 특성과 능력을 파악하고 긍정적 경험과 흥미를 통합하여 교실의 경계를 넘나들며 벌이는 모험은 흥미진진했습니다. *옥토버 스카이*October Sky는 미국항공우주국NASA의 엔지니어가 된 호머 히컴Homer Hickam의 성장기를 그린 영화입니다. 태어날 때부터 광부가 될 처지인 학생이 소련의 스푸트니크Sputnik 인공위성 발사 성공 소식에 로켓 개발자가 되리라 결심하고, 라일리Riley 선생님의 격려에 힘을 받아 난관에 굴하지 않고 도전하여 결국 꿈을 이루었습니다. 영화 *빌리 엘리어트*Billy Elliot에서 발레를 가르치는 윌킨슨Wilkinson 선생님은 탄광촌 소년의 잠재력을 알아보고 열정을 점화시켜, 영국 왕립 발레단의 발레리노ballerino로서 더 넓은 세상의 무대에 설 수 있게 하였습니다.

현실은 영화와 다르게 녹록하지 않지만, 학생이 할 수 있는 것을 더 잘할 수 있게 하고 다른 새로운 것과 더 넓은 세상으로 연결해 길을 열어 갈 수 있게 하길 기대합니다. "교육의 본질은 외부와의 통로를 열어 가는 것이다. 지금 여기에 있는 것과 다른 무언가와 연결되는 것, 그것이 교육의 가장 중요한 기능이다."라는 말이 있습니다.[34] 학생이 알고 할 수 있는 데서 시작해서 미지의 세상에 눈을 떠 나아가게 하는 일은 교육의 중요한 역할입니다.

다양성을
살리는 교육

교육은 자신을 사랑하고 타인과 더불어 살아가는 세상을 만드는 숭고한 일입니다. 한 그루 한 그루의 개인적 삶이라는 건강한 나무가 모여 조화로운 세상의 울창한 숲을 이루는 것입니다. 교사는 저마다 독립된 존재인 학생들을 한 공간에서 한꺼번에 가르치지만, 나무와 숲을 동시에 보며 다양한 생태가 건강하다는 믿음을 갖고 학생 하나 하나의 삶에 맞춘 여러 렌즈로 바라보며 가르쳐야 합니다. 독일의 신경정신과 의사로서 교육에 관심을 갖고 학교 프로젝트에 참여한 바우어Bauer는 개성을 희생시켜 정체성도 약점도 없는 인격이야말로 모든 교양이나 교육의 무덤과 다르지 않다고 하였습니다.[35]

교육은 학생마다의 자아실현을 바라지만, 학교의 교육과정과 성취기준은 다양성을 제대로 담지 못하고 있습니다. '모든 것에 들어맞는 하나One size fits all'와 같은 교육과정은 저마다 반짝이는 별과 각양각색의 풀꽃으로 비유될 수 있는 학생들에게는 어울리지 않습니다. 각자가 중요하다고 여기는 관심과 가치가 달라 일률적 기준을 적용하면 무리가 따르기 마련입니다. 제시된 교육과정과 성취기준을 따라야 하는 현실적 한계에도 불구하고, 학생마다 나름의 싹을 틔우고 꽃을 피우고 열매를 맺을 수 있는 틈새를 찾아 넓혀야 합니다.

자기 그릇은 생각 않고 무턱대고 남을 따르는 것을 지적한 '참새가 황새걸음을 배운다', '뱁새가 황새 따라가다 가랑이가 찢어진다'는 말이 있습니다. 이 속담을 이제는 분수를 지켜야 한다는 뜻보다 다양성의 관점에서 각자가 가진 독특한 능력을 살려야 한다는 뜻으로 해석할 필요가 있습니다. 보폭과 달리 동작이 재빠르기로는 황새가 참새나 뱁새를 따를 수 없습니다. 장자莊子는 "길어도 남는 게 아니고, 짧아도 모자란 게 아니다. 오리의 다리가 짧다 하여 이어 주면 걱정할 일이요, 학의 다리가 길다 하여 자르면 슬퍼할 일이다長者不爲有餘 短者不爲不足, 是故鳧脛雖短 續之則憂, 鶴脛雖長 斷之則悲."라고 하였습니다.

이 말은 한 가지의 절대 기준을 내세우는 교육을 경계하고 우주 자연의 다양성을 일깨워 주는 가르침이라고 생각합니다. 같아 보여도 자연 안에 똑같은 존재는 없습니다. 개별성은 간과하면 안 되는 세상의 법칙입니다.36 '독특한 하나unique one'로 각각의 개성을 살리는 개별화 교육이 다양성의 시대에 더욱 부합합니다. 요구도 선택도 다양한 시대입니다. 다양성을 존중하는 사회가 건강합니다. 개별화 교육과 맞춤형 교육이란 말에서 알 수 있듯이 이제는 개성이 발현될 수 있는 다양한 교육이 필요한 시대입니다.

교육과정을 실행할 때, 갈수록 더 소중하다 느낄 학생 한 명 한 명이 어떤 관심이 있는지, 중요하게 여기는 게 무엇이고, 현재와 미래의 삶과 관련하여 어떤 지식과 경험이 가치가 있을지 살펴야 합니다. 규정을 지키되 학생들의 삶에 유익한 규정이어야 한다는 점에서, 현실에 순응하는 소극적 모습에서 벗어나 이상과 현실을 진지하게 성찰하고 학생에 대한 공감과 이해를 토대로 새로움을 더할 수 있는 도전과 모험이 필요합니다. 오늘 우리가 하는 일이 미래를 만듭니다. 발전은 변화에서 비롯되고 현재에 안주하지 않고 새로움을 추구하여 도전의 발걸음을 내딛는 것이 곧 미래의 시작이고 진행입니다.

학생의 색깔을
살리는 교육

꽤 오래전에 수영 한국 신기록을 세워 올림픽 국가대표로 선발된 중학생 이야기로 시작하고자 합니다. 국가대표 선수촌에 입촌하여 합숙 훈련을 받게 되었으나 학교 정기시험과 겹쳐 며칠 동안 촌외 훈련을 요청했습니다. 하지만 입촌 거부로 받아들여져 대표 자격이 박탈되었습니다. 공부와 수영을 둘 다 잘하고 싶은 생각에 출전을 포기하고 미국 유학길에 올랐습니다. 공부와 운동을 열심히 한 점을 인정받아 로스쿨에 입학할 수 있었고, 지금은 변호사가 되어 선수들의 권리를 보호하는 일을 하고 있습니다.[37]

과거에는 운동을 이유로 수업에 빠지는 일을 당연하게 여겼습니다. 이제는 운동선수로 부르지 않고 공부와 운동을 병행한다는 뜻으로 호칭을 '학생선수'로 바꿨습니다. 운동에 특별한 재능을 보인다면 더 발전하게 도와야겠지만, 단지 메달의 색깔을 따져 운동에만 집중하는 사고에서 벗어나야 합니다. 뛰어난 인재라도 하나에 매몰되지 않고 일상생활 속에서 전인적으로 아름답게 자신의 색깔을 채색하며 소질을 가꾸고 발현하는 방향으로 나가야 할 것입니다.

메달을 지상의 목표로 삼는 운동은 많은 선수의 삶을 좌절하게 합니다. 국제대회에서 메달을 따면 성공이고 그렇지 못하면 실패로 여기는 '전부 아니면 전무' 식으로 운동만 하는 생활 끝에 더 이상의 기회가 사라지면 범죄에 연루되어 추락하는 일이 드물지만 있었습니다. 선수의 인격을 몰각하고 경기력을 올린다며 폭력을 사용해 물의를 일으킨 적도 있었습니다.[38]

체육뿐 아니라 다른 분야도 조직의 목표 달성을 위해 학생의 생활을 통제하여 수단으로 삼으려는 태도를 경계해야 합니다. 성과 지향의 욕구가 앞서 학생을 몰아쳐서는 안 됩니다. 학교 교육 또한 경기장에서 메달 색깔에 집착하는 성적 제일주의 요구에 휩쓸리고 있는 것은 아닌지 돌아봐야 합니다. 교육은 교육답게 학생들이 다양한 색깔과 소질을 발현해 성장할 수 있는 길로 나아가야 합니다. 아래의 이야기는 학생의 장점을 헤아려 살리기보다 학력을 우선하여 공부를 잘하든 못하든 늦은 밤까지 학교에 머물러 있어야 하는 우리의 교육 현실을 따갑게 꼬집고 있습니다.

> 우리나라를 방문해 몇 학교를 돌아본 북유럽의 교육 전문가는 "왜 한국에서는 공부가 탤런트가 아니냐?"며 기자에게 되물었습니다. 타고난 재능이나 소질 중 하나인 공부 잘하는 능력을 학생이라면 응당 잘해야 하는 능력처럼 여기는 우리가 의아했던 것입니다. 모든 사람이 방탄소년단BTS이나 싸이PSY처럼 노래와 춤에 뛰어나고, 박지성이나 손흥민 선수처럼 축구를 잘하지 않는데, 왜 유독 한국에서 공부는 누구나 잘해야 하는 것으로 여기냐는 의미였습니다.
> — 김희균. 「싸이가 만약 공부를 했다면」[39]

세상의 무수한 색에서 가장 좋은 색 가장 아름다운 색을 가려 말할 수 없습니다. 형형색색 꽃들이 어우러져 저마다 자신의 색깔을 뽐내듯 교육 또한 개개인의 재능을 살려 선명하게 빛나게 하는 교육이어야 합니다. 메달리스트가 아니더라도 자신의 색깔을 소중하게 여겨 주던 교사를 고맙게 생각하고 존경해 따르는 제자를 둔 교사는 부모를 존경하는 자녀를 둔 성공한 부모처럼 성공한 교직 인생이라 할 것입니다.

여백이 있는
교육

　2018 러시아 월드컵은 아트$_{art}$ 축구로 불리는 프랑스의 우승으로 막을 내렸습니다. 월드컵 본선에 아홉 번 연속 진출한 우리나라는 마지막 경기에서 지난 대회 우승국인 독일을 2:0으로 이기는 쾌거를 거두어 16강에 들지 못한 아쉬움을 덜 수 있었습니다. 하지만 다른 아시아 출전 국가의 나아진 경기력과 비교하면 새로운 도약을 위한 변화가 필요한 시점이라는 생각이 듭니다. 축구 종가인 영국과 유럽 국가와 비교해 부족한 축구 인프라$_{INFRA}$의 개선, 유소년 축구단의 증가, 학교 체육의 활성화 등이 이루어져 축구 강국과 어깨를 견줄 수 있는 날이 오기를 기대합니다.

　유소년 축구단의 성장 모습을 담은 '날아라 슛돌이'라는 TV 프로그램이 생각납니다.[40] 영국 원정 경기에서 우리 팀 감독은 작전판 위에 이동하는 방향을 그려 가며 "공격할 때 앞으로 나와라. 공을 가졌을 때는 중앙 쪽으로 몰고 가라. 드리블이 너무 많다. 센터링하든 안쪽으로 들어가든, 안 그러면 슛팅하라." 등 꼼꼼하게 작전을 지시합니다.

영국 감독이 "환상적이었다! 우리가 잘할 수 있는 게 뭐지?"라고 묻자 아이들은 "패스"라고 답하고, "공을 가지면 어디로 가야 하지?" 물으니 "공간"이라고 말합니다. "어디에 공간이 있지?"라고 되물으니 아이들은 "날개wing"라고 대답합니다. 감독은 질문을 던질 뿐 생각과 해결은 아이들이 하였습니다. 감독은 승패보다 성장의 과정에 초점을 맞춰 아이들이 축구를 즐기면서 할 수 있는 것을 보여 주길 원했습니다. 아이들에게 꼼꼼히 가르칠 필요도 있지만, 아이들이 스스로 문제를 생각하고 시행착오를 겪으며 성장해 나간다면 결국에는 더 나은 결과를 얻을 수 있으리라 생각합니다.

다행이도 숫돌이 코치는 시합에 져서 시무룩한 아이들에게 "너희들은 경험한 것이지 진 것이 아니다."며 위로와 격려로 힘을 북돋아 주었습니다. 발명왕 에디슨은 "나는 실패한 적이 없다. 단지 작동하지 않는 10,000가지 방법을 찾았을 뿐이다.", 농구 황제로 불리는 마이클 조던Michael Jordan은 "나는 9,000번도 넘게 슛을 실패했다. 실패했고, 또 실패한 것이 내가 성공한 이유다."라고 하였습니다. 이처럼 유소년 때는 승패보다 기본기를 익히고 기초체력을 다지고 창의성을 싹 틔우고 도전정신을 길러야 합니다. 청소년 시기의 공부 역시 기본과 기초를 다지고 흥미를 돋우어야 합니다.

그림에 비유하면 가르치는 일은 화폭을 꽉 채운 유화보다는 여백의 미美를 살린 한국화라는 생각이 듭니다. 하나에서 열까지 지시하고 알려 주기보다 스스로 알아내고 채워 나갈 시공간의 여백이 있어야 합니다. 시행착오를 겪어 깨닫는 것도 큰 공부입니다. '하지 마라', '이것 해라, 저것 해라' 강제와 간섭 대신에, 스스로 생각하고 길을 찾아 실천에 옮긴 것을 성찰하게 하는 교육이 필요합니다. 전인교육자인 수호믈린스키Сухомлинский는 학생들이 생각하며 살게 하는 것이 교사가 지펴야 하는 지혜의 불꽃이라고 했습니다.[41]

너무 많이 가르치지 말고, 가르쳐야 할 것은 철저하게 가르칠 것을 교육의 기본 원칙으로 내세운 철학자이자 교육자인 알프레드Alfred는 학생의 삶을 형성하는 흐름과 연관된 정신 활동과 현실에 유용한 일반 관념general ideas 및 활용을 제대로 가르쳐야 한다고 했습니다.[42] 교육은 기다림과 인내가 요구됩니다. 교육은 스스로 생각하고 준비하고 시도하고 경험할 수 있는 여백과 기다려 주는 여유가 필요합니다.

교육과
평가

학교는 학생의 현재와 미래의 삶을 풍요롭게 할 교육과정을 제공해야 합니다. '삶을 위한, 삶에 대한, 삶을 통한 학습'이 진정한 공부일 것이나,[43] 눈앞에 놓인 입시와 성적에 매몰되어 교육의 본질에서 멀어져 있는 게 현실입니다. 대학입시에 좌우되는 작금의 학교의 교육과정은 학생들이 살아갈 삶의 터전에서 겪을 세상과 동떨어져 있다는 비판을 받습니다. 학교는 표준교육과정을 따라야 하고 교실 밖의 요구를 지나칠 수 없는 현실적 어려움을 고려하여도, 교사는 참된 교육의 의미를 잊어서는 안 될 일이고, 현실의 부조리不條理에 맹종하지 않고 개선을 위해 노력해야 할 것입니다.

우리의 교육은 과거 시험이 없으면 공부도 없다는 조선시대 교육처럼 시험을 잘 치르기 위한 교육, 결국에는 대학입시에 맞춘 공부라고 합니다.[44] 고등학교 3학년 학생들은 연례행사로 대학수학능력시험 전날에 교실을 정리하며 공부한 참고서와 문제집을 거의 다 버립니다. 어느 학생은 "시험을 치르면서 배운 것이 있니?"라는 아버지의 질문에 "그건 시험이었잖아요."라고 답한 것에서 알 수 있 듯이,45 시험은 그냥 시험일 뿐이라는 것입니다.

내가 가르친 한 학생은 우리 교육의 문제는 숫자로 학생을 평 가하는 것이라고 했습니다. 아인슈타인Einstein과 미국의 작가이자 칼럼니스트인 캐머런Cameron은 중요한 모든 것을 셀 수 있지 않 고, 셀 수 있는 모든 것이 중요하지 않다고 했습니다.46 어느 경 험의 가치가 우월한지를 셈하는 것은 난해한 일입니다. 학습의 경험인 결과를 숫자로 우열을 가르는 것은 단편적이라 말할 수 있습니다.

"숫자로 평가하는 시험은 학생의 미래의 성공이나 행복과 거의 상관이 없어 보인다."라는 말은 어떻게 교육할 것인가, 어떻게 평가 할지에 대한 깊은 고민을 던져 줍니다.47 미래는 현재 우리가 무엇 을 하는가에 따라 달라집니다. 교사는 무분별하고 불합리한 관행을 답습하지 않고, 학생이 미래에 무엇을 필요로 할지를 생각하여 조 금이라도 새롭게 변화하려는 태도와 노력이 필요합니다.

최초의 민간 우주인으로 우주왕복선 챌린저Challenger에 탑승했던 교사인 크리스타 맥컬리프Christa McAuliffe는 "나는 미래를 만나 가르친 다I touch the future. I teach."라고 말했습니다. 현재의 학생이 곧 미래의 모습입니다. 소중한 학생 한 명 한 명의 다양한 삶이 모여 미래의 세상을 드러내는 모자이크가 됩니다. 한 조각이라도 빠지면 완성이 안 되는 모자이크에서 더 귀한 조각은 없습니다. 현실의 한계 속에서도 미래를 살아갈 학생을 가르치는 교사는 학생이 일률적인 잣대에 실망하지 않고 제 색깔과 소질을 살려 꿈을 키워 갈 수 있게 용기를 북돋고 안내하는 조력자가 되면 좋겠습니다.

교육의
정치적 중립

「헌법」 제31조는 '교육의 자주성·전문성·정치적 중립성은 법률이 정하는 바에 의하여 보장된다'고 밝히고 있습니다. 교육의 정치적 중립성은 교육이 국가권력이나 정치적 세력으로부터 부당한 간섭을 받지 아니할 뿐만 아니라, 그 본연의 기능을 벗어나 정치 영역에 개입하지 않아야 한다는 것을 뜻합니다.[48] 「교육기본법」 제6조는 '교육은 교육 본래의 목적에 따라 그 기능을 다하도록 운영되어야 하며, 정치적·파당적 또는 개인적 편견을 전파하기 위한 방편으로 이용되어서는 아니 된다'고 규정하고 있습니다.

교육의 정치적 중립 원칙에 따라 교사는 정치단체를 결성·가입하거나 선거에서 특정 정당 또는 특정인을 지지 또는 반대하는 행위를 해서는 안 되는 등 정치활동을 금하고 있습니다. 학생을 가르칠 때도 교육의 정치적 중립을 침해하지 못하게 규제하고 있습니다. 유럽 여러 나라는 교사의 정치활동을 보장하여 다수가 중앙의회와 지방의회의 의원으로 활동하고 있습니다. 우리는 이에 비추어 다양한 주장과 해석을 할 수 있는 세상에서 시민으로서 교사의 정

치적 기본권과 노동권을 제약制約한다는 논란과 교사의 정치적 참여 확대를 주장하는 목소리가 있습니다.[49]

헌법에서 명시한 교육의 정치적 중립은 정치권력이 정권의 획득과 유지를 위해 부당하게 교육을 이용하려는 시도를 경계하기 위해 발단되어, 교육 본연의 목적이 교육 전문가에 의해 달성되게 교육의 전문성과 자주성을 존중하는 의미를 담고 있습니다.[50] 헌법재판소는 교육의 정치적 중립성을 '정치적 균형성, 정치적 영향의 최소화, 교육의 전문직' 측면에서 모색하게 하였습니다.[51] 교육의 정치적 중립의 유지를 위해서는 교육의 정치적 중립에 관한 올바른 이해에 바탕을 둔 사회적 공감대와 지지가 필요합니다.

아리스토텔레스Aristoteles의 '인간은 본래 정치적 동물'이란 인간관은 토마스 아퀴나스Thomas Aquinas에 의해 '인간은 사회적 동물'이라는 명제로 발전했습니다. 정치성은 인간의 본성이고 사회체제에 속하는 교육은 정치에 얽매이지 않고 마음대로 할 수 없다는 측면에서, 교육은 정치적 활동의 일부라고 볼 수 있을 것입니다.[52] 따라서 정치적 중립성은 학교가 정치 영역을 백지상태로 두거나 정치와 떨어진 섬이 아닙니다. 존 롤스John Rawls가 말한 '합리적 다원주의'의 존중과 연결 지어,[53] 어느 한쪽으로 치우침 없이 고르게 하는 교육으로 이해하는 게 타당할 것입니다. 학교는 학생이 비판적 시민으로 성장하는 터전으로서 다양한 집단에 의해 보호되어야 할 공간입니다.[54]

교육은 근본적으로 정치·윤리의 실천이며 사회와 역사의 구성물이어서 배움의 무대가 교실로만 제한될 수 없습니다.[55] 아리스토텔레스는 좋은 시민을 양성하고 좋은 자질을 배양하는 것이 정치의 목적이라고 했습니다.[56] 학생 때는 민주시민의 소양을 배우고 익혀 자질을 키우는 시기인 만큼, 교실은 교육의 정치적 중립을 이유로 민주주의 정치에 문을 닫을 수 없습니다. 민주적 선거를 통해서도 독일의 나치Nazi 같은 독재정권이 출현한 현대사의 불행을 확인할 수 있습니다.

자유롭고 다양하고 비판적인 시민교육은 헌법적 측면에서 독재적 지배체제를 부정하는 민주주의 원리의 실현과 공동체주의의 확장과 밀접한 관련이 있습니다.[57] 민주주의를 배우는 가장 좋은 방법은 민주주의를 실천해 보는 것입니다.[58] 우리의 문화와 상황 등에서 다른 면이 있겠지만, 서구에서는 10대 때 정치에 입문하여 30대에 총리나 대통령이 된 사례도 있습니다. 연주하려면 연습을 해야 하듯이 어릴 때 어떤 습관을 키우느냐에 따라 성장하며 차이가 커집니다.[59] 민주사회의 주권자로 성장할 학생은 정치적 사리분별과 가치판단의 힘을 키우고, 다양한 입장을 포용할 교육의 기회를 보장받아야 합니다.

민주주의의 목소리는 백인백색百人百色 다양합니다. 정파 간 첨예한 갈등을 겪은 독일은 '보이텔스바흐 합의Beutelsbacher Konsens'를 통해 학교에서 정치적 중립을 구현하기 위한 세 가지 교육 원칙을 정했습니다. ① 교사나 정부 당국 등이 학생에 대한 '일방적 주입·교화 금지', ② 사회에서 갑론을박을 벌이는 이슈를 학교에서도 재현하는 '논쟁성 재현', ③ 학생이 자신의 정치적 이해관계를 인지·이해하고, 판단과 행위 능력을 기르게 하는 '학생 중심'의 교육입니다.[60] 이 원칙을 바탕으로 교사와 학생이 지적 에너지를 발휘해서 활발하게 토론하고 다양한 견해를 나눈다면, 개방적이고 역동적인 사회의 훌륭한 시민으로 성장할 것입니다.[61]

 가르치는 일은 절제가 필요한 직분입니다. 가르치는 과정에서 다양한 생각이 자연스럽게 피력될 수도 있겠으나 학생에게 교사의 정치적 견해를 따르게 하려는 태도는 삼가야 합니다. 우리나라는 2020년부터 만 18세가 되면 공직선거권을 갖게 되어 일부 고등학생도 투표 참여와 정당 가입이 가능해졌습니다. 사회가 보편의 교육자에게 기대하는 교육의 정치적 중립성에 더욱 유념해야 합니다. 교육의 정치적 중립을 지키면서 "교사들은 교실에서 높은 수준의 도덕적 정치적 민주주의를 성취하기 위해 노력해야 합니다."[62] 한편 "교과서와 새로운 기술만을 습득한 교육기술자들이 아이들 앞에 기계처럼 앉아 있다."라는 비난을 받는다면 부끄러울 일입니다.[63] 독일의 정치 이론가이자 철학자인 한나 아렌트Hannah Arendt는 악이란 시스템을 무비판적으로 받아들이는 것이라고 했습니다.[64] 정치적 중립을 지켜야 한다는 말 뒤에서 정의와 역사에 한쪽 눈을 감은 채 기계적 중립의 태도로 위선의 겹을 쌓고 있는 것은 아닌지 돌아봐야 할 것입니다.[65]

학교와
종교

「헌법」 제20조는 '모든 국민은 종교의 자유를 가진다'고 명시하고 있습니다. 「국가공무원법」 제59조는 '공무원은 종교에 따른 차별 없이 직무를 수행하여야 한다'고 종교 중립의 의무를 규정하였습니다. 정부는 '공직자종교차별신고센터'를 운영하여 종교 차별 행위를 예방하고자 합니다. 「교육기본법」 제6조는 '교육은 … 파당적 또는 개인적 편견을 전파하기 위한 방편으로 이용되어서는 아니 된다'고 밝히고 있습니다.

법률에 따라 학교에서 교사는 편향된 종교 교육을 할 수 없습니다. 하지만 교사가 수업 중 교과내용과 관련 없는 종교 활동을 하거나, 국공립 어린이집에서 '성품 교육'의 이름으로 한 종교적 색채의 활동이 언론에 보도된 적이 있습니다.[66] 언론에 보도되지 않았지만, 교사가 수업 시작 때 학생들이 보는 교탁 앞에서 기도한다든지, 다른 종교를 비방하거나, 자신이 다니는 종교 기관에 학생들의 뜻에 상관 없이 데리고 가는 사례도 있습니다.[67]

종교적 목적으로 설립된 학교는 정해진 종교 교과 등의 시간에 종교 교육이 가능합니다. 국공립 학교와 비종교의 사립 학교에서는 교과에서 다루는 통상적 내용이 아니면 학교나 개인이든 편향된 종교 교육을 할 수 없습니다. 교사가 자신의 종교 교리를 학생들에게 주입해서는 안됩니다.[68] 교육과정의 내용과 관련해서 가르칠 때도 교사 자신의 무신론無神論의 신념이나 특정 종교에 편향되지 않아야 합니다.

세계 여러 곳에서 종교적 차이로 인해 심각한 갈등을 빚는 모습을 볼 수 있습니다. 학교의 교육과정에 따라 허용된 종교 활동과 교육은 다른 종교의 가르침을 이해하고 존중하는 시간이어야 합니다. 교사는 자신이 소중하게 여기는 종교적 가르침을 학생에게 말로 전파하는 게 아니라 묵묵히 모범으로 실천하는 모습을 보이면 좋겠습니다. 이것은 우리가 교직과정에서 배운 성직관聖職觀의 교사상教師像을 진정으로 실현하는 것이라 할 수 있습니다. 인류애의 숭고한 뜻을 지향하고 실천한다면 가르치는 일의 품격이 높아질 것입니다.

교육환경의
변화

과학기술의 고도화, 고령화와 학령인구 감소의 인구구조 변화, 경쟁이 심화되는 사회에서 삶의 질에 대한 개선 요구는 교육에도 영향을 미치고 있습니다. 꾸준하게 증가하는 다문화 가정의 학생들을 위한 이중언어 교육은 물론이고,[69] 한부모, 조손祖孫, 맞벌이 가정의 자녀를 위한 돌봄 서비스 등 복지, 체험학습 같은 교육활동에서 안전사고 예방과 관련한 역할이 더해지며 강조되고 있습니다. 새롭게 부과되는 교사의 역할 외에 학교 안팎의 실태를 살펴보면, 학교에 대한 사회의 요구가 갈수록 가중되는 게 이상하지 않게 여겨질 정도로 사회와 학교의 문제는 엉켜 있는 형국입니다.

더욱 거세지고 예사롭지 않은 도전의 징후는 다음과 같습니다. 경범죄는 물론이고 성폭행 등 중대 범죄에도 학생들이 연루되고 있습니다. 온라인 게임과 도박에 빠지고, 약물 중독, 자해 및 자살, 우울증 등 정신질환을 앓는 학생이 늘고 있습니다. 학생 간 사이버 괴롭힘이 증가 추세를 보이고 스토킹 폭력도 생기고 있습니다. 학교 부적응, 학교 폭력, 홈스쿨링home schooling 등의 사유로 학교 밖의 청소년이 많아지고 있습니다. 교사에 대한 학생의 성희롱, 폭언과 폭행, 학부모에 의한 교권침해도 증가하고 있습니다.[70]

우려되는 변화 속에서 사회가 학교에 기대하는 새로운 역할에 부응하기 위해서 학교와 교사는 시대의 흐름을 읽어 새롭게 해 오던 일이라도 더욱 세심한 관심과 주의를 기울여야 하고, 더해지는 전문적 역할을 해야 합니다. 학생의 정신 건강을 위한 사회·정서적 측면의 교육활동과 가정을 보완하는 돌봄 역할이 더욱 요구될 것입니다. 인권, 다문화, 양성평등, 성인지와 장애 감수성에 더욱 민감해야 합니다. 이런 변화는 학생이 자신을 아끼고 타인을 존중하는 시민으로 성장할 수 있게 하는 교육 본연의 목적과 무관하지 않습니다.

학교에 몰아치는 강풍에 맞서 교사의 위상과 품격을 지켜 내기 위한 자구自求 노력을 해야 합니다. 기존의 전문성은 새로워져야 하고, 교사의 언행은 더욱 세심하고 신중해져야 합니다. 과거에는 넘어갔던 교사의 말과 행동이 최근에 '스쿨 미투School_Me Too'로 드러나는 것처럼, 부주의한 언행은 언어폭력과 부적절한 접촉의 문제가 될 수 있습니다. 미국에서는 절제된 언어 습관을 교사의 우선적 덕목으로 삼아, 학생이 교사의 잘못된 언어 사용을 문제 삼으면 교사는 파면당할 수도 있습니다.[71]

교실 안팎에서 높은 윤리적 처신을 요구받는 교사는 언행에 각별한 주의를 기울여야 하지만, 일부 교사의 일탈에 관한 보도를 여전히 접하게 됩니다. 점심시간에 떠든다고 학생을 심하게 혼낸 일,[72]

수업 중에 학생의 신체를 비하하고 정서적으로 학대하여 「아동복지법」 위반 혐의로 사법절차를 밟고 있다는 보도,[73] 자해(自害) 학생에 대한 심리치료 안내 등 적절한 대처법을 모른 채 학급 담임교사가 종례 시간에 자해한 학생을 친구들 앞에 세워 놓고 꾸지람을 해서 문제를 악화시켰다는 방송 보도, 자해한 학생을 찾아내려고 학생들을 복도에 일렬로 세우고 팔을 걷어붙이게 하여 모멸감을 주었다는 보도 등이 끊이지 않습니다.[74]

교과를 가르치는 교사는 새롭게 나타나는 현상의 생활지도에 관한 전문적 지식을 제때 일일이 갖추기 어렵지만, 보편적 인권과 인격 존중의 관점으로 대처하면 어떤 문제에 맞닥뜨리더라도 불거질 수 있는 문제를 줄일 수 있을 것입니다. 학생의 행동을 이해하기 어렵더라도 교사의 학창 시절과 지금의 학생이 겪고 있는 세상은 다르고 표출 또한 다르다는 것을 받아들여야 합니다. 가르치거나 생활지도를 할 때, 학생을 인격체로 존중하고, 사생활을 철저하게 보호하고, 자존감을 상하지 않게 주의를 기울이고, 돌봄의 관점에서 처벌보다는 문제의 해결에 도움을 주고, 살아갈 세상을 넓게 바라보는 눈과 잘 해보려는 마음을 열어 용기를 불어넣기 바랍니다.

교단의
현실과 극복

≡

교사의 학교생활을 눈여겨보면, 환자를 돌보느라 정작 자신의 건강을 챙기지 못하는 의사의 모습이라 할 수 있습니다. 제자를 기르는 자긍심으로 보내는 교사의 하루하루는 다른 한편 스몰 트라우마 small trauma를 축적해 가는 시간이기도 합니다.[75] 교사는 스트레스 속에서 직무를 수행하고, 다른 직업 종사자와 비교해 건강이 좋지 않다는 사실이 독일에서 연구를 통해 입증되었습니다.[76]

≪가디언The Guardian≫은 영국에서 교육·사회 정책을 지원하는 Nuffield Foundation의 연구보고서를 근거로 과중한 업무부담 등으로 교사의 불안과 우울 수준이 높아져 신규 교사의 1/3이 5년 안에 교직을 떠나고 있고, 교원의 5%가 일 년 이상 정신 건강 문제를 겪고 있다고 보도했습니다.[77] 핀란드 교원노동조합OAJ이 조사한 결과에 따르면, 핀란드 교사 10명 중 1명은 학교에서 폭력을 겪었고, 폭력을 당한 교사 중 병가를 사용한 교사는 2년 전의 5%에 비해 약 2배인 9%에 이르렀습니다.[78]

영국과 핀란드의 교단 현실과 다르지 않게 우리나라도 교권침해로 신체적·정신적 피해를 받은 교사를 치유하는 곳이 시도교육청마다 마련될 정도로 녹록하지 않습니다. 수업 중인 초등학교 교실에 학부모가 난입해 학생들이 보는 앞에서 교사의 뺨을 때린 사건, 사과를 요구하는 학부모들에게 초등학교 교사가 무릎을 꿇은 사건, 중학생이 교사를 밀어 넘어뜨리고 발로 걷어찬 사건, 고등학생들이 교사를 빗자루로 치거나 욕설한 사건, 학생들이 교사에게 무릎을 꿇고 사과할 것을 요구한 사건 등이 언론에 보도된 적이 있습니다.

교사를 폭행하거나 학부모나 학생의 도를 넘는 행태가 일부이기는 하지만 끊이지 않는 것은 미국도 비슷합니다. 교사에 대한 '존중'의 실종이 미국 교육을 뿌리째 흔드는 원인이라는 지적이 있습니다.[79] 미국은 초등학교 복도에서 교사와 언쟁을 벌이다 밀어붙여 넘어뜨리고 끌며 발길질에 막대기로 폭행한 학부모에게 징역 20년을 선고하는 등 법을 엄하게 집행합니다.[80] 우리나라도 최근 「교원의 지위 향상 및 교육활동 보호를 위한 특별법」이 개정되어 학교에서 교권침해 사건이 발생하면 교육청에서 관계 당국에 가해자의 고발을 의무화하는 등 강력히 대처하기 시작했습니다.

부모가 자녀에게 존경받지 못하면 가정이 흔들리고, 교사가 학생에게 존경받지 못하면 교육이 휘청합니다. 가정과 학교가 무너지면 필연적으로 사회의 무질서로 이어집니다. 교사를 존경하는 사회적 분위기를 만드는 데 힘을 모아야 할 것입니다. 사회의 노력과 더불어 교사 스스로 교육자의 품격을 유지하도록 주의를 기울이고 노력해야 할 것입니다. 교사는 학생에게 좋은 선생님으로 비치고 싶지만 불완전한 존재가 인간이라서 부족함이 따를 수 있습니다. 부족한 부분을 학생을 향한 사랑으로 채운다면 학생은 교사를 존경하며 따를 것입니다. 비 온 뒤에 땅이 더 굳는다는 말처럼, 어려운 교단 현실을 잘 헤쳐, 학생과 교사가 함께 행복한 배움의 장이 펼쳐지길 희망해 봅니다.

글로벌 밸류
체인지

세계화 시대의 산업 전반에서 기업들은 분업과 협업을 통해 효율을 높이고 서로의 이익을 극대화하고자 합니다. 우리나라가 내세우는 반도체, 자동차 산업 등도 관련 소재, 부품, 판매에서 '글로벌 밸류 체인global value chain'의 영향을 받습니다. 지정학적地政學的 불리함을 우수 인재로 극복하는 우리는 세계화와 자유무역을 기치로 글로벌 밸류 체인을 확장하여 국가 간 국경의 벽을 낮추며 세계시장을 넓혀 가고 있습니다.

하지만 세계화의 물결은 최근 예기치 않게 닥친 COVID-19 감염증의 대유행으로 큰 타격을 받고 있습니다. 세계 각국은 감염증 확산 저지에 핵심인 사람 간 접촉을 차단하기 위해 시민의 이동을 제한하면서 학교와 상점이 문을 닫는 등 일상생활에 어려움이 따르고 있습니다. 많은 나라는 긴급 재난 사태를 선언하고 공항과 항만 폐쇄 등 국경을 봉쇄하면서 부품이나 중간재를 공급하는 공장의 가동이 중단되어 기업 간 거래가 위축되면서 경제 분야의 세계화인 글로벌 밸류 체인은 타격을 받고 있습니다.

COVID-19의 영향으로 전 세계에서 수많은 사망자가 발생하고, 제2차 세계대전 직전의 경제 대공황 이상의 어려운 상황이 우려되는 암울한 시기를 보내고 있습니다. 하지만 인류는 위기 때마다 극복해 온 역사를 갖고 있습니다. 높은 시민의식을 보인 국민의 단합된 힘으로 우리는 희망을 키우며 전염병 이후의 새로운 시대를 준비해야 할 것입니다.

COVID-19 사태 이후에 글로벌 밸류 체인에 변화가 예상되듯 가치 기준도 달라지리라global value change 생각됩니다. 세계는 국경을 막아도 막을 수 없는 바이러스로 인한 감염증의 특성으로 바이러스 방역과 치료 정보의 공유 등 연대의 중요성을 새삼 깨닫고 있습니다. 자연생태계의 훼손, 기후변화, 대도시 인구의 밀집, 무분별한 공해 물질 배출 등의 문제 해결을 위한 국제 공조와 세계시민의 연대, 안전과 보건에 대한 인식 변화, 보편 공공의료, 인류 사회의 돌발적인 난국의 타개와 예상할 수 있는 사태에 대비하는 리더십의 가치를 중시하는 변화가 감지되고 있습니다.

COVID-19 펜데믹pandemic 사태에서 우리나라는 바이러스를 차단하되 시민의 자유로운 일상생활을 최대한 유지하려 노력하고, 정보를 투명하게 공개하며 국제 공조와 지원을 강화하는 등 모범적으로 대처한 모델로 세계의 주목을 받고 있습니다. 저력을 다져 온 우리 영화계는 봉준호 감독의 *기생충*Parasite이 아카데미상을 수상하며 세계인에게 우리 예술문화의 위상을 깊이 새겼듯이, 우리나라는 이 위기를 벗어나면 보건 등 의료 분야는 물론이고 정치, 경제, 사회

등 모든 분야에서 세계의 발전과 안녕을 위해 현재보다 훨씬 더 기여할 수 있을 것입니다.

우리의 교육열과 교육 수준 등 교육력은 세계에 널리 알려져 있습니다. 앞으로는 세계와 경쟁하는 인재 양성의 차원을 넘어 세계 공동의 보건과 안전, 자연보호와 생명 존중 등 공공의 가치 구현을 위해 세계와 협력하고 연대하는 리더십을 갖춘 국제 인재를 지향하는 교육을 선도해야 할 것입니다. 이는 우리의 교육이념인 '홍익인간弘益人間'과도 부합합니다. 바이러스 감염증으로 인해 우리 사회의 생산과 소비 등에서 비접촉untact의 생활 형태가 증가하는 '뉴노멀new normal'의 도래에 따라 교육도 새로운 변화가 필요합니다. 우리 교육자가 어제보다 좀 더 다르게 오늘 새롭게 시작하는 일이 쌓여서 인류의 미래를 만들 것입니다.

뉴노멀 세상에서
교육의 강조점

　밤낮으로 환자를 헌신적으로 돌보는 의료진과 COVID-19 방역의 최일선에서 애쓰는 분들 덕분에, 그리고 일상의 불편함을 감내하고 사회적 거리 두기 등 생활 방역의 행동수칙을 실천하는 시민의 자율적 참여로 우리나라는 방역의 모범 국가로 세계의 찬사를 받고 있습니다. 위기 때마다 뭉치는 힘에 더하여 그동안 알게 모르게 축적해 온 우리의 저력이 전대미문前代未聞의 감염증 대유행을 극복하는 데 있어 진가를 발휘한다고 생각합니다.

　세계가 본받는 우리 사회의 COVID-19의 대응 과정에서 아쉽게도 방역 수칙을 따라 달라는 당국의 당부에도 불구하고, 극히 일부지만 자가격리를 지키지 않고 무단으로 이탈하여 우리 사회 공동체를 아연하게 만드는 무책임한 모습이 있었습니다. 팬데믹pandemic을 극복해야 하는 뉴노멀new normal의 세상에서 교육자는 강조되어야 할 시민의 행동 규범은 무엇인지를 살펴 학생들을 가르쳐야 할 것입니다. 인간존중, 인간과 자연의 공존, 자아실현, 홍익인간을 지향하는 교육의 본질은 항구합니다. 하지만 시대에 따라 인간이 지켜야 할 규범은 조금씩 변화가 생길 수 있습니다.

개인의 독립과 자유는 보호받고 존중되어야 마땅합니다. 또한 사람은 사회에서 함께 생활해야 합니다. 팬데믹 상황에서는 무엇보다도 자신의 행동이 자신과 가족은 물론이고 이웃과 사회에 미칠 수 있는 피해 등 결과에 대해서 진지하게 생각할 수 있어야 합니다. 자제력과 책임감, 타인에 대한 배려, 공동체의 연대감 등 이타적으로 행동하려는 마음을 기르는 교육이 중요합니다. 국가가 시민에게 하나에서 열까지 일일이 알리거나 지키도록 유도하기는 어려운 일입니다. 시민으로서 합리적인 사고를 하고 자율적으로 행동할 수 있는 교육이 필요합니다.

인간에게 치명적인 바이러스의 돌발적인 발생은 물질적 풍요를 추구하는 과정에서 자연환경 훼손에 따른 생태계 파괴와 기후변화에 기인한다는 주장이 있습니다.[81] 자연의 일부인 인간으로서 자연을 보호하는 것이 인간을 보호하는 일임을 깨달아 자연생태계와 조화를 이루며 살아갈 수 있어야 할 것입니다. 이런 생태교육의 출발로서 생활에서 비닐과 플라스틱 사용을 줄이고 재활용 분리수거를 실천하는 데 학교가 앞장서야 합니다.

참고문헌

1 김명신 옮김(2011). 교사로 산다는 것. 양철북. p. 90.

2 조용기(2005). 교육의 쓸모. 교육과학사. pp. 57-86.

3 김홍옥 옮김(2009). 가르침의 예술. 아침이슬. p. 53.

4 햇살과나무꾼 옮김(2002). 나는 선생님이 좋아요. 양철북. p. 192.

5 신길호 옮김(2001). 안나 카레니나(상). 혜원출판사. p. 307.

6 오영환 옮김(2004). 교육의 목적. 궁리. p. 40.

7 이창신 옮김(2010). 정의란 무엇인가. 김영사. pp. 170-171.

8 Apple, M. W.(2004). *Ideology and curriculum*. Routledge.

9 이현경 옮김(2007). 이것이 인간인가. 돌베개. p. 307.

10 정일화(2016). 알파스쿨. 양서원. p. 25.

11 유태인 대학살을 주도한 전범(戰犯).

12 신득렬(2002). 교직을 위한 윤리 연구. 교육철학, 20, pp. 101-116; 신홍민 옮김(2003). 교사와 학생 사이. 양철북. pp. 353-354.

13 김승운(2009). 미국교사를 보면 미국교육이 보인다. 상상나무. p. 226.

14 주삼환(2005). 미국의 교장. 학지사. p. 147.

15 통계청, 여성가족부(2019). 2019 청소년 통계.

16 김현희(2017). 왜 학교에는 이상한 선생이 많은가. 생각비행. p. 282.

17 이수진, 정신실(2019). 학교의 시계가 멈춰도 아이들은 자란다. 우리학교. p. 24.

18 명진숙 옮김(2004). 역사속에서 걸어나온 사람들. 다섯수레. p. 87.

19 blog.daum.net/dshdsh1/585

20 명진숙 옮김(2017). 역사 속에서 걸어 나온 사람들. 다섯수레. p. 63.

21 이원재(2001). 과거공부를 알아야 우리 교육이 보인다. 문음사. p. 72.

22 시사IN(2015. 1. 31). 17세 소녀의 '두 문장', 독일을 달구다.

23 한국교육개발원 옮김(2012). 21세기 핵심역량.

24 천세영, 정일화, 김수아(2015). 공감기반 인성교육의 필요성과 방향 탐색. 교육연구논총, 36(3), pp. 221-244.

25 성장학교 별 엮음(2006). 프레네학교 이야기. 별. p. 21.

26 이홍우(2014). 교육의 목적과 난점. 교육과학사. p. 25.

27 이찬승, 은수진 옮김(2017). 학교개혁은 왜 실패하는가. 21세기교육연구소. p. 276.

28 김만수(2018). '경주 최 부잣집' 300년 부의 비밀. 경북매일. 2018. 8. 29.

29 김재엽, 이동은(2014). 부모 간 폭력목격경험이 청소년의 비행에 미치는 영향에서 공격성, 우울 및 TSL 표현 효과. 한국아동복지학, 45, pp. 131-160.

30 장희숙(2002). 부모의 폭력 및 지지행동이 이성교제폭력에 미치는 영향. 한국사회복지학, 50, pp. 131-155.

31 홍한별 옮김(2012). 가르친다는 것. 양철북. p. 77.

32 교육문화연구회 옮김(2002). 희망의 교육학. 아침이슬. pp. 132-133.

33 김요셉(2006). 삶으로 가르치는 것만 남는다. 두란노. pp. 35-39.

34 박동섭 옮김(2012). 교사를 춤추게 하라. 민들레. p. 82.

35 이미옥 옮김(2009). 학교를 칭찬하라. 궁리. p. 35.

36 양창렬 옮김(2008). 무지한 스승. 궁리. p. 95.

37 서울신문(2019. 1. 23). '태릉 합숙' 싫어 뛰쳐나온 소녀 … 美서 공부 운동하며 변호사로.

38 노컷뉴스(2019. 1. 22). 폭력으로 만든 금메달 … "한국인 모두 공범."

39 김희균(2012). 「싸이가 만약 공부를 했다면」

40 KBS2(2009). 슛돌이 드림팀 잉글랜드 원정대. 날아라 슛돌이 41회, 42회.

41 수호믈린스키 교육사상연구회 편역(2010). 선생님들에게 드리는 100가지 제안. 고인돌. p. 15.

42 오영환 옮김(2004). 교육의 목적. 궁리. pp. 39-41.

43 이찬승, 김은영 옮김(2015). 학교교육 제4의 길①, 학교교육 변화의 역사와 미래방향. 21세기교육연구소. pp. 198-200.

44 이원재(2001). 과거공부를 알아야 우리 교육이 보인다. 문음사. p. 191.

45 홍한별 옮김(2012). 가르친다는 것. 양철북. p. 209.

46 www.ncbi.nlm.nih.gov/pmc/articles/PMC4616986

47 박인균 옮김(2014). 당신이 최고의 교사입니다. 추수밭. p. 362.

48 헌법재판소(2004. 3. 25). 2001헌마710.

49 KBS(2019. 4. 29). 인권위 "공무원·교원 정치적 표현의 자유 전면 금지는 인권침해."

50 헌법재판소(1992.11.12.). 80헌마88.

51 정일화(2015). 교육의 정치적 중립성의 헌법재판소 판례에 기반한 지방교육자치제 방향 탐색. 교육행정학연구, 33(3), pp. 269-292.

52 정일화(2015). 교육의 정치적 중립성의 헌법재판소 판례에 기반한 지방교육자치제 방향 탐색. 교육행정학연구, 33(3), pp. 269-292.

53 이창신 옮김(2010). 정의란 무엇인가. 김영사. p. 346.

54 강주헌 옮김(2001). 실패한 교육과 거짓말. 아침이슬. p. 29.

55 이경숙 옮김(2001). 교사는 지성인이다. 아침이슬. p. 30.

56 이창신 옮김(2010). 정의란 무엇인가. 김영사. p. 270.

57 박진완(2015). 민주공화국의 시민교육. 헌법적 가치에 관한 시민교육 공동학술토론회 자료집, 국회법제실·대학교육법학회·민주화운동기념사업회. pp. 1-27.

58 강주헌 옮김(2001). 실패한 교육과 거짓말. 아침이슬. p. 47.

59 이창신 옮김(2010). 정의란 무엇인가. 김영사. p. 271, pp. 276-277.

60 심성보, 이동기, 장은주(2018). 보이텔스바흐 합의와 민주시민교육. 북멘토.

61 김명신 옮김(2011). 교사로 산다는 것. 양철북. pp. 136-140.

62 김명신 옮김(2011). 교사로 산다는 것. 양철북. p. 140.

63 김용택(2013). 김용택의 교단일기. 문학동네. p. 300.

64 김윤경 옮김(2019). 철학은 어떻게 삶의 무기가 되는가. 다산초당. p. 100.

65 김현희(2017). 왜 학교에는 이상한 선생이 많은가?. 생각비행. p. 145.

66 연합뉴스(2017. 1. 11). 수업 중 '간증 동영상' 교사가 종교활동을 … 학부모 반발; 조선일보 (2017. 1. 26). 특정 종교 교육한 교사, 교육청 감사에 반발; 베이비뉴스(2020. 2. 25). "하나님이 지켜주세요" 원아 모아 예배드린 국공립어린이집.

67 김현희(2017). 왜 학교에는 이상한 선생이 많은가?. 생각비행. p. 103.

68 김명신 옮김(2011). 교사로 산다는 것. 양철북. p. 134.

69 한국교육개발원(2018). 교육통계 주요지표 포켓북.

70 길혜지(2016). 국내·외 통계로 본 교권침해 현황. 교육정책포럼 273호. 한국교육개발원.

71 김승운(2009). 미국교사를 보면 미국교육이 보인다. 상상나무. pp. 240-243.

72 KBS(2019. 6. 8). 점심시간에 "왜 떠들어?" …학생 머리채 잡고 뺨 때린 교사.

73 NEW1(2019. 2. 23). '뚱뚱해서 시집 못간다 …학생에 막말한 여중 교사 3명 기소.

74 KBS(2019. 2. 22). 소리 없는 아우성 청소년 자해. 추적60분 1302회.

75 김현수(2013). 교사 상처. 에듀니티. p. 60.

76 이수영 옮김(2012). 교사가 알아야 할 학부모 마음 학부모가 알아야 할 교사 마음. 시대의창. p. 44.

77 교육정보네트워크 정보 센터(2020). [영국] 일부 교사, 일 년 이상 정신 질환 문제에 시달려. 해외교육동향 370호.

78 교육정보네트워크 정보 센터(2020). [핀란드] 교사 10명 중 1명이 교실에서 폭력 경험. 해외교육동향 371호.

79 김순미 옮김(2010). 리스펙트. 위즈덤하우스. p. 102.

80 YTN(2014. 1. 9). 교사 때린 미 학부모 … '징역 20년.'

81 조선일보(2020. 4. 9). [송호근의 분석] COVID-19의 진격, 현대문명 길을 잃다.

chapter 2

교직의 여정에서 후회를 줄이는 끝없는 확인

교사는 누구인가

아이들은 비평보다 모범이 필요하다.
Children need models rather than critics

− **조제프 주베르**Joseph Joubert

가르치는
길

교직 초년 시절 학생들은 나의 말을 한마디도 놓치지 않으려는 듯 나에게 눈길을 주고 평범한 우스갯소리에도 까르르 웃음을 터트렸습니다. 순수하고 천진한 학생들과 함께 보내는 하루하루는 즐겁고 행복한 시간이었습니다. 세월이 흘러 제자들이 사회에서 잘 지낸다는 소식에는 감사했지만 안타까운 사연이 들려오면 마음이 무거워졌습니다. 나를 바라보던 아이들의 모습을 떠올리며 가르치는 일이 진지해지고, 가르치는 일에 소명과 책임이 무겁게 자리했습니다.

교직에 첫발을 디디며 바라본 학생과 교직을 떠나며 바라볼 학생은 다를 것입니다. "교육이 무엇인지도 모르고 선생을 시작한 지 8년쯤 지나서야 아이들을 보았고 교육과 삶을 알았다."라고 김용택 시인은 교단일기에서 밝혔습니다.[1] 처음과 다르게 시간이 지나면서 무심코 지나치던 것이 보이고, 당연시하던 것이 새롭게 보이는 심안心眼이 점차 생긴다고 할 수 있습니다. 지금 당장 내가 보고 아는 것이 전부가 아니라는 겸손한 마음으로 학생을 대하고 가르치면 좋겠습니다.

가르치는 목적은 가르침 그 자체가 될 수 없습니다.[2] 가르치는 일은 단순히 지식을 전달하는 데 그치지 않고,[3] 동시에 정신을 형성하는 것이며,[4] 학생에게 나를 온전히 선물하는 것과 같습니다.[5] 또한 가까이에서 교사를 바라보는 학생이 자기도 모르게 교사를 닮아 가는 경이로우면서 조심스러운 여정입니다.

새끼에게 자신의 몸을 내놓는 가시고기처럼 가르치는 일에 헌신하는 교사는 제자가 자신을 뛰어넘어 바르게 살아가길 바라며 모든 어려움을 인내합니다. 그렇지만 순간 열정을 냉각시키는 난감한 일을 마주할 때는 단절된 텅 빈 교실에 홀로 남겨진 기분에 빠집니다. 이럴 때 "교사의 길이란 구절양장보다 어려운 밤길"이라는 표현이 현실감 있게 와 닿습니다.[6]

부모는 노심초사 어려움을 감내하며 자녀를 키운 모든 보상을 자녀가 성장하며 안겨 주는 기쁨으로 대신하듯 교사는 학생이 시행착오를 겪지만 깨쳐 가는 모습에 흐뭇하고, 고향을 찾는 연어의 회귀처럼 잊지 않고 찾아오는 제자에게서 힘을 얻고 보람을 느낍니다. 교단에 서려는 처음의 큰 포부와 다르게 생활하며 느끼는 현실은 녹록하지 않겠지만, 가르치는 길을 성실하게 꿋꿋이 걸어가다 보면, 이 길의 결승선에서 함성과 박수로 응원하며 기다리는 많은 제자를 만날 것입니다.

교사는
누구인가?

교사는 지식의 단순 전달자가 아닙니다. 교사는 책을 통한 간접 경험이든 실생활에서의 직접경험을 통해서든 다른 사람보다 더 많이 보고 비판적으로 생각할 수 있어야 학생을 제대로 가르칠 수 있습니다. 지식인인 교사는 "인간의 문제에 대해 적극적인 열정을 품어야 하고, 예술의 아름다움을 추구할 줄 알아야 하고, 해를 거듭할수록 세상을 보는 눈이 더 깊고 밝아져야 합니다."7 학생의 미래의 삶을 밝히기 위해 지식의 샘을 끊이지 않고 파는 교사는 학생의 삶을 영위할 세상의 변화에도 민감해야 합니다.

교사는 인간을 사랑하고 존중하는 마음, 삶을 성실하게 가꿔 가는 인문학적 소양을 갖추어야 합니다. '영혼의 성숙을 돕는 선생先生'으로서 소명의식과 성직자적 태도도 필요합니다.8 하지만 "교사는 그가 교사로 되기 이전에 받은 교육에 좌우될 수밖에 없다."라는 말에 비추어,9 안타깝게도 교사가 되고자 준비하는 교직과정에서 다루는 교과 지식 등에 비해 교육관과 교사관을 성찰하는 시간은 부족해 보입니다. 교사는 학생이 걸어갈 길을 밝히는 불빛이기

에 '왜 교사가 되려는가? 무엇을 가르치려는가? 어떤 모습으로 교
단에 서려는가? 사제동행을 어떻게 할 것인가?'에 대해 깊이 생각
할 시간을 가져야 합니다.

　교사가 의도적으로 또는 은연중에 학생에게 각인시키는 모든 인
상은 학생의 정서적·사회적·기술적 행동 능력의 습득으로 이어집
니다.[10] 이처럼 가르치는 일은 파급력이 엄청납니다. 무비판적으로
정해진 지침을 따라 교과만을 가르치면 전부라고 생각하는 '피동적
인 지식의 전달자'로 한정 지어, 전문가적 개성과 자부自負가 퇴색한
다면 가르침의 생명력을 손상하는 일입니다.[11] 가르치는 참 의미와
당당한 교사의 모습에 대해 생각해보기 바랍니다.

교사
예찬

미국의 크라이슬러 자동차 회사를 재건한 경영자인 리 아이아코카Lee Iacocca 회장은 완전히 이성적인 사회에서 우리 가운데 최고는 선생님이 되고 나머지는 다른 일에 만족해야 한다고 했습니다. 세계 평화운동가인 헬렌 메리 칼디콧Helen Mary Caldicott은 교사들의 전문적인 노력은 인류의 운명에 영향을 미치기 때문에, 우리 사회의 가장 책임감 있고 중요한 구성원이라고 믿는다고 했습니다. 미래 세대 학생의 꿈과 삶에 영향을 미치는 교사의 길은 돋보이지 않아도 명예롭습니다.

어느 교회 학교의 은사를 찾은 두 제자가 "목사님 덕분에 제 인생이 바뀌었어요! 목사님 아니면 저는 아직 망나니로 살고 있을 텐데, 제가 달라졌습니다." "아닙니다. 이 친구보다 제 인생이 더 크게 달라졌습니다."라고 말하였습니다.[12] 이처럼 가르치는 일은 학생이 더 나은 삶을 향해 나갈 수 있게 영향을 미치는 고귀한 일입니다. 존경하는 은사를 잊지 못해 작고한 선생님의 이름으로 장학기금을 마련해서 매년 전달하는 감동적인 이야기도 있습니다. 선생님의 말씀과 사랑이 제자들에게 세상을 바라보는 눈을 열어 주고 살아가는 힘이 된 때문일 것입니다. 학생은 자신의 삶에 영향을 미친 고마운 선생님을 잊지 못합니다.[13] 선생님은 세상이 기억하는 위대한 인물에 비견되지는 않더라도 제자들의 길을 밝혀 주는 진정한 위인입니다.

교사의 전문성과
정체성

첫 출근 때 모든 게 낯설고 대학에서 배운 것은 아무 쓸모가 없어 보였다는 초보 교사의 고백처럼,[14] 임용의 좁은 문을 거쳐 교사로서 첫발을 디디면 대학에서 배울 때와는 다른 생소한 상황에 당황합니다. 하루가 다르게 느껴지는 요즘의 교실 모습을 풍자한 만평漫評에서 "저를 도와주시겠어요? 이것은 대학의 교직과정 어디서도 다루지 않았어요."라는 대사는 이를 잘 묘사해 주고 있습니다.[15] 예비 교사 과정은 교단 현실의 윤곽을 어렴풋이 그리는 정도이고, 의료계의 임상실습에 비해 교육실습 기간이 아주 짧아 학교 실정을 제대로 알기에 미흡합니다.

교직과정에서 자질을 완벽히 갖추고 교직을 시작하는 교사는 거의 없습니다. 교사의 전문성은 해를 넘기며 계속되는 학습과 경험, 자기 성찰을 통해 성장하고 원숙해집니다.[16] 학생들은 백인백색百人百色의 고유한 개성과 자유의지를 지닌 존재입니다. 따라서 교사는 순간순간 개별 또는 동시에 다수를 관찰하여 학생의 기분, 수준, 요구 등을 판단해야 합니다. 환자의 다양한 증상에 따라 진단하고 처방하는 의사처럼, 교사도 학생마다 상황마다 다른 대처가 필요해서

고도의 전문성이 요구됩니다.

플렉스너Flexner와 호일Hoyle에 따르면 전문직은 지식체계를 가진 학문 분야에서 장기간 교육을 받아 자격을 취득하고, 윤리규정에 따라 자율적으로 책임을 수행하고, 지속적인 성장을 이루며 사회에 봉사하는 직업을 뜻합니다.[17] 전문직은 해당 분야의 전문성에 대한 사회의 신뢰를 기반으로 자율성과 권한을 지닙니다. 교직은 양성과정을 거쳐 전공별 자격을 취득하고, 윤리강령을 따라 비교적 자율적으로 가르치고, 전문성 개발을 위한 연수를 지속하며, 교육 활동으로 봉사한다는 면에서 전문직입니다.

교직은 일찍이 유네스코UNESCO와 국제노동기구ILO에 의해 전문직으로 규정되었지만, 제대로 인정받지 못하고 불완전한 전문직이라는 평가를 듣기도 합니다. 실제로 고도의 전문성이 필요한 교직은 인사人事나 보수報酬에서 교수·연구 실적, 학문의 결과물과 상징이 제대로 존중받지 못하는 현실입니다. 교사전문성은 정책의 목표를 달성하는 수단과 방법이 되어 가면서 효율성과 책무성과 연동하여 기준 도달 여부를 평가하고 규율하는 메커니즘mechanism으로 작동되는 실정입니다.[18]

아래의 글처럼, 학교 밖에서는 전문직인 교사를 다른 시선으로 보기도 합니다. 이 같은 지적에 우리 자신을 돌아보지 않을 수 없습니다. 교사가 전문직으로 공고히 자리매김하기 위해서는 교사의 직업적 가치를 기술적 중개자로 한정 짓는 인식에서 벗어나야 합니다.[19]

교사는 다른 사람의 생각을 그냥 따르는 일이 너무 많다. 어떤 것을 알거나 경험할 가치가 있느냐에 대한 다른 사람의 생각을 그대로 전달하고, 객관성을 최고의 가치로 여긴다. 중대한 문제는 개입하지 않고 전문가에게 넘기고, 단순히 기술적인 역할만 하려 한다.

- 김명신 옮김. 『교사로 산다는 것』[20]

온전한 전문직으로 가는 길은 말처럼 쉽지 않습니다. 전문성에 대한 요구와 교사에 거는 기대는 갈수록 높아진 반면에, 가르치는 데 집중하지 못하게 하는 업무는 줄지 않고 심각한 교권침해는 증가하면서 교사의 자존감, 정체성은 갈수록 위축되고 있습니다. 이런 현실 속에서 여러 해 동안 학생들을 가르치다 보면 감정이 닳아 소진되고 상처가 깊어져,[21] 가르치는 일에 회의를 느끼고 자괴감에 빠지거나 소극적인 정체성을 형성합니다.[22] 심지어는 낙담하여 교사로서 정체성을 포기하고 학교를 떠나기도 합니다.

그 어느 때보다 교사의 정체성이 혼란을 겪는 현실입니다. 이런 혼란 속에서도 교사를 필요로 하는 학생의 손을 놓을 수 없습니다. 사라 티즈데일Sara Teasdale의 시詩 "바닷가 낮은 들 / 거친 바람 맞으며 / 끊임없이 노래하는 / 휘는 보리처럼 // 나도 그렇게 꺾이지 않고 / 고통에서 일어나리 / 다시 일어서는 / 휘는 보리처럼Like Barley Bending", 교사의 존재 이유를 다지며 어려움을 헤치고 굳굳이 나가야 합니다. 우리는 더 나은 삶을 위해 배우고 가르칩니다. 교사도 자기 삶을 꾸밀 여유를 챙겨야 합니다. 교사로서 공적인 삶과 더불어 행복을 추구하는 자유인으로서 고유한 목소리를 잃지 말아야 하고, 이를 위한 내적 원천으로 성찰과 통찰 같은 사유思惟가 필요합니다.[23]

교사는 흘러가는 시간에 안주하여 정체성이 희미해지지 않게 삶을 가꾸어야 합니다. 공자의 가르침처럼, 교사는 한 가지 기능만 하는 고정된 틀에 얽매이지 않고 여러모로 살펴 포용할 수 있어야 합니다君子不器. 그릇 안에 정체되지 않고 흐르는 물을 헤쳐 나가듯 시야를 넓혀 깨어 바라보기 바랍니다. 지식이 협소하여 완고하고 고루하지 않게 다양성을 수용하고 유연하게 새로움을 추구해야 합니다學則不固. 옛것을 익혀 새것을 알면 능히 스승이 될 수 있습니다溫故而知新 可以爲師矣. 매일 새롭게 배우며 가르칠 준비를 성실하게 하고 성심을 다해 가르친다면 전문성은 자연 드러나고 정체성은 선명해질 것입니다.

진취적인
교사

미국의 교육학자인 길버트 하이트Gilbert Highet는 "사람들은 대개 30대에 성장을 멈추고 처지에 안주하며 타성에 젖어 서서히 정체 상태로 치닫는다. 교사라면 이런 상태는 꿈도 꾸지 말아야 한다."라고 말했습니다.[24] 인성은 교사가 될 자격이고 실력은 교사가 설 자격이라 할 수 있습니다. 잘 가르치는 가장 확실한 방법은 가르치기에 앞서 공부하고, 가르치며 성찰하고, 배움의 자세를 몸으로 보여 주는 것입니다.[25] 훌륭한 교사는 자신을 성찰하며 가르치기 위해 배움의 터에 늘 머물러야 합니다.

갈수록 가르치는 일이 어려워진다고 합니다. 전문성이 더 요구된다는 의미일 것입니다. 수업은 교직의 생명으로 비유될 만큼 본바탕이기 때문에 수업전문성이 견고해야 하고 환경의 변화에 따라 보완되고 발전되어야 합니다. 학생과의 신뢰 형성과 높은 학업성취를 기대하는 교수활동을 위해 수업의 기획, 수업 성찰, 수업관찰의 피드백과 개선, 교과 지식의 심화, 교수·학습 방법과 전략의 연구, 인문학적 소양 등에 관심이 필요합니다.

구체적인 실행의 예시로 수업 역량을 지속적으로 갱신할 목적으로 수업 발표나 연구대회 등에 격년 정도로 참여하기를 권합니다. 교수·연구 자료는 언제 어떻게 쓰일지 모를 일입니다. 정리해서 모아 두길 바랍니다. 전공별 학회나 교육 관련 학술대회는 최신 연구를 접하는 기회입니다. 바쁘지만 시간을 내어 가능한 참가하기를 바랍니다. 동료와 함께 독서 토론 등 동아리 활동과 연구를 하고, 그 결과물을 산출하면 좋겠습니다.

　듀이Dewey는 어제의 학생을 가르쳤던 것처럼 오늘의 학생을 가르친다면, 학생의 내일을 빼앗는다고 하였습니다. 미국의 전문교육기준위원회National Board for Professional Teaching Standards는 교사는 학습공동체 구성원으로서 끊임없이 성찰하며 학습해야 한다고 밝혔습니다. 자율성은 전문성의 핵심입니다.[26] 교사는 교직 내내 스스로 배우고 연구하는 전문가로 성장을 지속해야 합니다.[27] 앞으로 더욱더 교사는 평생학습의 기반이 되는 연구자의 역량을 갖추어 사회의 변화를 그저 따르기보다 사회를 바꾸는 변혁자의 역할을 해야 합니다.[28] 초임 교사 때부터 교직 생활의 경력단계별 연구 계획을 세워 하루하루 새롭게 발전하고 성취하는 진취적인 교사이길 응원합니다.[29]

학생을 대하는
교사의 태도

오랫동안 교실에 머물렀던 교사라도 한두 해 교실을 떠나 있었다면 눈앞의 학생들을 이해하기 어려울 정도로 교실과 학생들은 급변하고 있습니다. 아이들은 본래 무정부주의자라는 표현처럼,[30] 요즘에 교사는 가르치는 일에 앞서 학생들을 자리에 앉히는 일이 더 어렵다고 하소연합니다. 교사는 가르치는 일에 온 힘과 마음을 기울이지 못하고 시험문제, 출결, 생활지도 등과 관련하여 학생과 옥신각신하는 난감한 상황을 겪기도 합니다.

교사는 학생으로 인해 어려움을 겪고 있으나, 동시에 학생은 교사와의 관계 때문에 전학이나 자퇴를 고려할 만큼 정신적 어려움을 겪어도 내색하지 못하고 지낸다는 이야기를 듣기도 합니다. 교사는 다른 입장일 수 있겠지만 학생의 입장에 따르면, 학생에게 정신적 지주 支柱가 되어야 할 교사가 정신적 지장 支障인 셈이니 안타까운 일입니다. 서로의 갈등이 심각해지면 다툼 끝에 학생은 자퇴나 전학을 하거나 때로는 교사 또한 학교를 옮겨야 하는 지경에 이르기도 합니다.

서로의 신뢰가 깨져 꼬여 가는 현실이지만, 문제 해결을 바깥에서 찾기보다는 내가 할 수 있는 일에 초점을 맞춰 교사의 책임을 돌아보는 게 현명한 대처가 아닐까 싶습니다. 잘하고 있다고 생각하지만 객관적 자기 인식은 생각만큼 간단하지 않습니다.[31] 이런 점에서 "대접을 받고자 하는 대로 남을 대접하라.<마태 7:12>"는 황금률을 떠올려, 가르치는 교사는 학생이 배워야 할 존중하는 태도를 먼저 어떻게 보여야 할지를 살피면 좋겠습니다.

정기고사를 마친 두 학생이 시험문제에 이의를 제기한 일이 있었습니다. 담당 교과 교사가 설명했으나 학생들은 받아들이지 않았습니다. 공동으로 출제한 교사들은 협의회를 열어 문제에 이상이 없다는 일치된 결론을 내렸지만 두 학생은 주장을 꺾지 않았습니다. 동료의 부탁으로 나도 시험문제를 살펴보게 되었습니다. 문제는 무리가 없으나 다르게 바라본 두 학생의 생각도 이해되었습니다. 마침 교무실을 지나다 해당 교사와 얘기하는 두 학생을 보니 지난해 가르쳐 아는 학생들이었습니다. 두 학생을 불러서 세세하게 맥락을 짚어 낸 점을 먼저 인정해 준 다음에, 어떤 지적인지 이해는 되나 문제는 없어 보인다는 견해를 말했습니다. 학생들은 해당 교사와 몇 마디 대화를 나눈 후에 수긍하고 돌아갔습니다.

이 사례에서 해결의 실마리는 학생의 의견을 깎아내리지 않고, 인정하고 존중한 것이 아니었나 싶습니다. 학생과의 좋은 관계는 교사의 말을 선의로 받아들이게 하는 촉매제라고 생각합니다. 교사가 일방적으로 성급하게 단정하거나 다그치지 않고 학생의 의견을 듣고 합리적으로 해결하려는 태도를 보인다면 학생은 교사를 신뢰하고 따를 것입니다.

학생은 무시하거나 매몰차거나 감정의 기복이 심하거나 짜증이나 화를 내는 교사를 싫어합니다. 교육학자인 루비 페인Ruby Payne은 학생의 이름을 불러 주고, 질문에 답을 잘 해 주고, 다정하게 말을 하고, 반갑게 맞아 주고, 필요할 때 도와주는 것이 학생을 존중하는 교사의 태도라고 말했습니다.[32] 난관처럼 보이는 상황에서도 유쾌한 면을 찾아내어 학생을 낙담시키지 않는 방식으로 교사의 생각을 정확히 말하려고 노력한다면 학생들은 교사를 따를 것입니다.[33]

학생들은 편애하는 교사를 특히 싫어합니다.[34] 교사가 학생들을 공정하게 대하겠다는 뜻과 다르게 특정 학생을 다르게 대하는 모습으로 학생에게 비칠 수 있습니다. 학생의 눈은 교사의 미세한 눈빛의 차이를 알아챌 만큼 교사를 주시하고 있습니다. "선생님은 그 애를 바라볼 때만 눈이 빛나요!"라는 학생의 지적처럼,[35] 교사가 편애한다고 학생들이 느끼면 교사를 따르려 하지 않습니다. 교사가 공정하고 특정 학생을 편애하지 않는다고 학생들에게 인정받아야 교사의 권위가 유지됩니다.[36]

교사가 모두 옳다는 태도를 삼가야 합니다. 어느 교사는 "왜 항상 선생님만 옳다고 생각하세요?"라고 던진 질문을 곰곰이 되씹어 학생을 대하는 태도를 변화시켰다고 고백했습니다.37 교사와 학생의 입장이 팽팽하게 대립하는 상황에서 교사의 자존심을 고집하기보다 한발 뒤로 물러서 포용하는 너그러움이 필요합니다. 학생과의 관계 개선에 늘 힘쓰고, 상처를 주지 않게 애쓰며, 혹 실수를 하더라도 먼저 사과할 줄 알고, 모두를 존중으로 대해야 합니다.38 학생이 실수를 감추거나 잡아떼기보다 인정하고 나아지게 이끌려면, 교사도 자신의 실수를 솔직하게 인정하고 회복하려는 모습을 보여야 합니다.

"누군가를 가르칠 때 정해진 하나의 방법만이 있는 것은 아니고, 노력을 기울이는 방식도 교사마다 다릅니다. 자기만의 독특한 인상을 남기는 교사일수록 참된 배움의 길로 학생을 이끌 가능성이 큽니다."39 자신의 고유한 색깔을 살려 진심으로 학생을 사랑하고 존중하는 마음으로 학생들을 대한다면, 학생들의 좋은 기억속에 오래 남는 교사가 될 것입니다.

초보 선생의
반쪽 사랑[40]

나는 면面 지역의 작은 학교에서 교사 생활을 시작했습니다. 오랜 시간이 지났어도 그때를 떠올릴 때마다 미소가 절로 지어지는 행복한 시간을 보냈습니다. 열정 가득한 젊은 패기로 가르치며 학생과 동료와 함께 늘 밝고 즐겁게 지냈습니다. 수요일에는 교직원들과 어울려 배구를 하며 객지 생활의 적적함을 날렸습니다.

초임으로 첫 담임 반을 맡아 의욕이 넘쳤습니다. 매월 하루를 정해 그 달에 생일을 맞은 학생들을 위한 파티를 열었습니다. 생일파티에는 주말에 도시를 다녀올 때 준비한 케이크 하나가 전부였지만, 그 당시는 처음으로 케이크를 맛보는 학생이 있을 정도로 형편이 넉넉지 못한 때여서 학생들은 장날 다녀오는 부모를 기다리듯 손꼽아 기다렸습니다.

케이크 주변을 둘러선 친구들은 노래와 박수로 축하하고 차례로 돌아가며 조금씩 케이크를 스스로 떼어 한 입씩 맛을 보았습니다. 마흔 명이 먹기에 턱없었지만 부족함 없는 잔칫집처럼 웃음꽃이 만발했습니다. 빵 다섯 개와 물고기 두 마리로 5천 명이 먹고도 남았다는 성경 속 이야기인 '오병이어五餠二魚'의 기적처럼, 마지막 친구가 먹고도 남아 생일인 친구들에게 순서가 다시 돌아갈 정도로 서로를 생각하는 정이 넘쳤습니다. 우리 반의 생일파티 소문은 바로 다른 반에 퍼졌습니다. 옆 반의 호기심 많은 몇몇 학생은 복도 창밖에서 까치발을 하고도 모자라 목을 빼고 교실 안 풍경을 부럽게 바라봤습니다.

그때는 학생을 위한다는 뿌듯한 마음이었습니다. 케이크를 사서 손에 들고 학교로 향할 때면 아이들이 기뻐할 모습이 떠올라 마음이 설렜습니다. 그런데 세월이 흘러 경험이 쌓이다 보니 그때 쏟았던 사랑이 온전하지 못했다는 생각입니다. 나의 반 학생을 사랑하는 마음이었지만, 함께 하지 못하는 다른 반 학생들에게는 상처가 된 것만 같습니다.

학생들뿐만 아니라 나의 이벤트를 기꺼이 수긍해 준 가깝게 지낸 동료 담임들의 입장도 헤아리지 못했습니다. 하나만 알고 둘은 모른, 반쪽만 사랑한 정말 못난 선생이었습니다. 한 아이를 기르기 위해서는 온 동네가 필요하다는 말이 있습니다. 교사는 내 반 학생, 네 반 학생을 따져 가며 교육해서는 안 됩니다.[41] 학생을 위한 좋은 일이라면 내 반 옆 반 가리지 않고 같은 마음으로 함께 해야 한다는 사실을 한참이 지나서야 깨달았습니다.

학생은
선생님을 닮는다

가르치는 일은 교실에 울리는 내 목소리뿐만 아니라 나의 전부를 전하는 일입니다. 학생은 교과에서만 배우는 것이 아니라 잠재적 교육과정이라 할 수 있는 교사의 말을 듣고 행동을 보며 배우고 닮습니다. 교사의 진정성과 살아 있는 신념은 보이지 않지만 생생한 교육과정입니다.[42] 학생은 교사의 시선을 따라 교사의 손짓에 율동하고, 교사의 칭찬 한마디에 기뻐합니다. 교사의 눈길, 손길, 관심, 태도, 언행이란 씨앗은 학생의 마음에 뿌려져 싹을 틔우고 꽃을 피우고 민들레 홀씨처럼 드넓게 세상에 퍼집니다.

교육학자인 크루즈Crues는 학급문화는 교사에 의해 결정된다고 하였습니다.[43] 교실에서 교사와 함께 시간을 보내는 학생은 자연스럽게 교사를 닮아 가는 모습을 볼 수 있습니다. 담임의 성향에 따라 어떤 반은 다른 반에 비해 더 차분하거나 더 유쾌한 분위기에 차이를 보입니다. 그런데 학생에게 영향을 미치는 교사의 모범을 정형화할 수 없을 것입니다. 다채로운 꽃들이 어울려 아름다움을 더하듯이 다양한 교사 개별의 고유한 개성은 학교의 질서를 생기롭게 합니다.

학생이 매년 만나는 교사 만상萬象은 학생이 성장하며 성숙해 가는 데 필요한 퍼즐 조각입니다. 모든 사람처럼 교사도 장단점을 동시에 갖지만, 각각이 해야 할 역할이 있어 모두가 소중한 존재입니다. 교사의 모든 것은 학생에게 알게 모르게 영향을 미치기에 장점은 살리고 단점은 승화시켜 긍정적으로 작용해야 합니다. "눈 덮인 들판을 걸어갈 때 어지럽게 함부로 걷지 마라. 오늘 나의 행적은 뒤에 오는 이들의 길이 되리라踏雪野中去 不須胡亂行, 今日我行跡 遂作後人程."는 서산대사의 말처럼, 학생에게 삶의 모습을 비추며 앞서 살아가는 선생先生은 학생의 성장에 선한 영향을 미칠 수 있게 늘 살펴야 합니다.

프랑스의 도덕주의자인 주베르Joubert는 아이에게는 비평보다 모범이 필요하다고 하였습니다.[44] 김용택 시인은 "내가 하는 말에, 내 손짓에, 내 행동에 아이들은 상처를 받고 괴로워했을 것이다. 나는 날마다 아이들에게 죄를 짓는다. 선생은 세상에서 가장 큰 죄인이다."라고 자성하는 마음을 밝혔습니다.[45] 학생은 교사의 언행을 보고 닮는다는 것을 기억하여 자신을 돌아보며 주의를 기울이길 기대합니다. 교사가 학생을 진실하게 대하면 학생은 교사를 존경하며 따를 것입니다.[46] 가르치기에 앞서 학생에게 어떤 모습으로 비칠지를 생각하면 좋겠습니다.

너희들은 바로
걸어라?[47]

전직 국회의원과 재벌가가 어려운 처지의 가정을 위한 '사회적 배려대상전형'을 이용해 자녀를 유명 사립 국제학교에 입학시킨 사실이 언론에 보도된 적이 있습니다. 해당 입학전형을 아전인수 또는 과대 해석하여 오용하거나 적법하지 않게 전형을 통과하여 정작 필요한 이들의 기회를 빼앗는 잘못을 저질러 사회적 파장을 불러일으켰습니다.

학생과 사회에 모범이 되어야 할 교육계도 예외는 아닌 듯합니다. 언론이 파헤친 교육전문직 부정 선발 비리에 시민들이 큰 충격을 받은 일이 있습니다. 실력과 능력 있는 사람을 선발하기 위한 일이었다고 변명하는 사건 연루자의 말은 황당하기까지 하였습니다. 가장 큰 능력과 실력은 도덕성에서 나온다는 것을 모르는 모양입니다.

이렇게 해라. 저렇게 해라. 그렇게 하면 안 돼 …… 모두 옳은 말입니다. 그러나 자신은 옆으로 걸으면서 아이들에게 바로 걸으라는 어미 게의 가르침. 우리 함께 생각해 볼 일입니다. 아이들은 어른을 보고 배우며 자랍니다. 아이들에 대한 진정한 가르침은 어른들의 솔선수범입니다.

- 쌍용 그룹. 「너희들은 바로 걸어라?」

　이 공익 광고처럼 언행일치와 솔선수범은 쉬운 일이 아니기에 학생의 표상인 교육자는 특히 신경을 써야 합니다. 교실 안에서도 교실 밖에서도 교육자로서의 언행은 한결같아야 합니다. 중국 『역사서』에 책으로 스승을 만나기는 쉬워도 몸으로 가르치는 스승을 만나기는 어렵다經師易求 人師難得는 말이 있습니다. 내가 말한 것은 행하되 내 행동은 따르지 말라는 무책임한 말처럼, 교사가 자신이 뱉은 말과 정반대 또는 위선적 모습으로 학생들에게 비친다면, 학생들은 어떻게 생각하고 무엇을 배우겠습니까?[48] 미국 매사추세츠공과대학교MIT: Massachusetts Institute of Technology의 인지과학 연구진은 관찰이 학습에 중대한 영향을 미치는 증거를 제시하며, 인간은 타인을 관찰하고 배운다는 사실을 밝혔습니다.[49] 교사의 말과 행동이 학생에게 영향을 미친다는 사실에 주목해야 합니다. 진정한 가르침은 올바른 실천이고 솔선수범입니다.

본보기로
가르치기

교사는 글과 말로 학생을 가르칠 뿐만 아니라 모습으로도 가르칩니다. 지식은 글이나 말로 가르칠 수 있지만, 행위는 본보기로 가르쳐야 합니다. 사람은 '거울 뉴런*mirror neuron*'이란 신경세포를 통해 다른 사람의 행동뿐 아니라 느낌과 감정도 모방, 복제한다는 것이 연구에서 밝혀졌습니다.[50] 교사의 평소 삶의 태도와 행동은 학생에게 투영되어 학생의 행위를 이끕니다. 교사는 학생에게 가르쳐야 할 행동을 올바른 본보기로 보여 학생의 눈과 마음에 새겨야 합니다. 학생이 교사의 꾸준한 좋은 행동을 보고 따라 하다 보면 가랑비에 옷 젖듯 결국에는 몸에 밸 것입니다. 교사 스스로 훌륭한 모습을 보이는 방법으로 학생을 감화시켜 교육할 수 있습니다.[51]

오늘 등굣길에 보니 교문 밖에서 학원 관계자가 학생들에게 홍보물을 나눠 주고 있었습니다. 주차하고 내리려는데 한 학생이 현관으로 들어가면서 받은 홍보물을 구겨 교무실 바로 옆 창가 풀숲에 던졌습니다. 우리 학교 학생들을 예의 바르다 기특하게 여기며 지내고 있던 터라 생각지도 못한 장면에 당황하였습니다. 차에서 내려 가까운 교사校舍 출입구로 들어오다 쓰레기통이 넘쳐 주변 바닥에 떨어진 홍보물 몇 장을 주워 담으려던 참이었습니다. 한 학생이 성큼 다가오더니 내 손에 든 홍보 전단지를 낚아채듯 받아 들고 서둘러 들어갔습니다. 평소에 쓰레기를 줍는 나의 작은 행위가 학생의 마음에 스며든 것 같아 직전의 실망감은 보람과 감사함으로 바뀌었습니다.

보고 배운 대로 바르게 실천하는 학생의 모습은 교육의 열매입니다. 실천하지 않는 학생의 모습 또한 교육의 결과라고 생각하면 교육자로서 책임을 절감합니다. 휴지 버리는 행위 하나로 지나친 걱정이다 싶을 수 있겠으나, 무심코 휴지를 버리는 행동이 세상에 돌을 던지는 행위로 이어지지 않으리라 장담할 수 없을 것입니다. 현실적 바람과는 차이가 있지만, 교육의 목적은 지식보다 세상을 대하는 태도와 가치가 우선해야 합니다. 성경에 "마땅히 걸어야 할 길을 아이에게 가르쳐라. 그러면 늙어서도 그 길에서 벗어나지 않는다.<잠언 22:6>"는 말씀이 있습니다. 좋은 습관은 어릴 때부터 몸에 배게 가르쳐야 하고, 그 가르침은 말보다 본보기에서 시작합니다.

스승의 그림자도 밟지 않는다는 말이 있습니다. 이런 경외심의 표현은 스승이 학식과 품성을 갖추고 자신에게 엄격한 바른 품행을 드러내 보이며 정성껏 가르쳐 존경받기 때문일 것입니다. 배운 것과 실천이 일치하지 않으면 아무리 가르친다 해도 공허합니다. 배운 대로 행동하기를 바라는 기대에 앞서 가르치는 대로 실천해야 합니다. 학생들에게 교실에서 재활용 분리수거를 잘하라고 가르치는 교사는 먼저 교무실에서 모범을 보여야 합니다. 미국의 사회학자인 두 보이스_{Du Bois}는 학생은 교사가 가르치는 것보다 교사가 어떤 사람인지에서 더 많이 배운다고 했습니다.[52] 학생은 교사의 언행일치하는 삶을 통해 큰 가르침을 받습니다.

따뜻한 말
한마디[53]

칭찬은 사랑의 언어입니다. 칭찬하는 분위기에서 교육받고 자란 아이들은 그렇지 못한 아이들에 비해 어휘와 지적 능력이 훨씬 향상된다는 것이 연구에서 밝혀졌습니다.[54] 하지만 안타깝게도 "오늘날 교사가 휘두르는 가장 잔인한 무기는 언어와 비웃음이다."라는 얘기를 듣습니다.[55] 유대인의 지혜서인 『탈무드Talmud』에서는 이 세상에서 가장 악한 것이자 가장 선한 것은 '사람의 혀'라고 했습니다.[56]

오래전에 온 국민에게 큰 충격을 준 탈옥수는 가난해서 수업료를 못 내던 초등학생인 자신에게 담임이 돈 안 가져왔는데 뭐 하러 학교 오냐고 소리쳐 그때 마음속에 악마가 생겼다고 하였습니다. 지존파 주범도 크레파스 살 돈이 없어 미술 준비를 하지 못한 자신을 담임이 때리고 알몸으로 복도에 세워 놓고 모욕을 주어 그때부터 모든 사람이 미웠고 죽이고 싶었다고 했습니다. 자신의 잘못을 남의 탓으로 전가하는 비난을 곧이곧대로 받아들이기는 어렵습니다. 하지만 끔찍한 사건의 중범죄자라도 한때 학교 울타리 안의 학생이었다는 것을 생각하면 교육자로서 마음이 무거워집니다.

두 중범重犯의 언급처럼 학생의 마음에 상처를 주는 교사의 한마디는 나쁜 길로 빠지게 하는 불씨가 될 수 있습니다. 사소하게 지나칠 수 있는 교사의 손짓, 의식하지 못한 눈빛일지라도 학생에게 미치는 영향은 가볍지 않습니다. "학생을 평가한 교사의 말은 두고두고 잊히지 않는다."라는 말처럼,57 학생의 마음을 예리하게 파고드는 한마디는 부정이든 긍정이든 영향력이 엄청날 것입니다. 학생은 미래에 대해 부정적이거나 비교하는 말에 상처를 입습니다.58 교사라면 장래의 꿈을 이야기하는 학생에게 "너는 절대 꿈을 이룰 수 없어.",59 "꿈은 현실이 될 수 없어 꿈인 거야." 같은 말로 꿈을 꺾으려 하지 말고, 점수를 높이기보다 더 중요한 꿈을 이루게 격려하고 도와야 합니다.60

교사가 학생에게 건네는 따뜻한 말은 학생이 올바르게 성장하는 데 큰 힘이 됩니다. 어느 교사는 중학교 때 머리에 생긴 심한 종기로 고생하던 자신에게 "많이 아프겠구나. 약은 제대로 바르고 있니? 손을 대면 덧나서 잘 아물지 않는다."라며 진심으로 걱정해 주시던 영어 선생님에게 감화되어 영어 교사가 되었다고 말했습니다. 어느 작가는 "'넌 정말 착한 아이'라고 끊임없이 말씀해 주셨던 선생님의 한 마디가 얼마나 큰 버팀목이 되었는지 모릅니다. 선생님을 못 만났다면 아마 무엇을 하든 '못된 아이'라는 딱지를 붙이고

콤플렉스에 고뇌하며 어찌해야 좋을지 모르는 채 어른이 되었을 것입니다."라고 말하였습니다.[61]

　단 한 교사라도 칭찬과 격려 같은 따뜻한 말을 건네며 관심을 보인다면 그 학생은 절대로 사회에 부적응하지 않으리라고 믿습니다.[62] 교사에게 인정받은 학생은 다시 인정받는 행동을 하려 긍정적 도전을 시도할 것입니다.[63] 말이 지닌 힘을 생각해 주의해서 말을 하면 반드시 훌륭한 교사가 될 수 있을 것입니다.[64] "아이는 부모와 교사가 하는 말을 듣고 자기에 대해서 어떤 생각을 하고 있는지 알게 됩니다. 부모와 교사의 언어가 아이의 운명을 결정합니다."[65] 교육자 보이어Boyer는 서툰 의사는 한 번에 한 사람을 해치지만, 서툰 교사는 한꺼번에 많은 학생을 해친다고 하였습니다. 학생과 교감하고 공감하는 교육의 중요함과 말의 엄중함을 새겨야 합니다. 프랑스의 문호文豪 빅토르 위고Victor Hugo는 학교 하나를 늘리면 형무소 하나를 줄인다고 했습니다.[66] 교육의 막중한 역할을 잊고 역행해서는 절대 안 될 일입니다.

바른 언어는
교사 먼저[67]

어느 학교를 방문했을 때의 일입니다. 나를 향해 가까이 다가오던 학생 둘이 개의치 않고 욕을 섞어 가며 대화를 했습니다. 그냥 지나칠 수 없어 학생들을 불렀습니다. 마침 주위에는 좋은 향기의 예쁜 꽃들로 가득하였습니다. "얘들아 안녕, 가까이 와서 이 꽃향기를 맡아 볼래?" 두 학생은 별 거부감 없이 다가와 맡았습니다. "꽃도 예쁘고 향기도 좋지? 사람은 꽃보다 더 아름답고 좋은 향기를 갖고 있단다. 그런데 너희의 대화에 깜짝 놀랐다. 말은 인격이고 사람의 향기와 같단다. 아름다워 보이는 꽃에서 고약한 냄새가 난다면 어떻겠니? 다시는 쳐다보고 싶지 않겠지?"라고 말했더니 학생들은 내가 무슨 말을 하고 싶은지 금방 이해하고는 쑥스러운 표정을 지었습니다.

학생들의 습관적 욕설 사용이 문제가 되고 있습니다. 욕을 섞지 않으면 대화가 이어지지 않을 정도로 심각합니다. 올바른 언어 습관에서 인성교육을 시작하자는 목소리가 나올 정도입니다. 욕을 하며 분노하는 사람의 입김을 농축한 주사제를 맞은 동물이 놀랍게도 생명을 잃는 실험이 있습니다. 이처럼 욕은 백해무익한 나쁜 에너지입니다. KBS 방송의 '착한 말, 나쁜 말' 실험에서는 빈 병에 밥을 넣고 밀봉한 후에 한 병에는 '고마워, 예쁘다, 사랑해' 같은 긍정의 말을, 다른 병에는 '미워, 꺼져, 못생겼어' 같은 부정적인 말을 몇 주 동안 수시로 한 뒤에 병마개를 열었습니다. 긍정의 말을 건넨 병에서는 누룩과 같은 구수한 향이 퍼졌으나, 부정적인 말을 한 다른 병에서는 고약한 냄새가 진동했습니다.[68] 양파를 이용한 좋은 말, 나쁜 말 실험에서도 양파의 성장에 큰 차이를 보였습니다.

교사의 정감 어린 바른 언어는 학생이 서로 존중할 줄 아는 사람으로 자라게 하는 영양분이 될 것입니다. 교실에서 존대어 사용은 기본이지만 상황에 따라 학생과 친밀감을 드러내는 말투도 가능합니다. 지나친 존대어 사용은 어색한 경우가 많으니 주의해야 합니다. 어떤 사람은 상대에게 불쾌감이나 거부감을 주지 않고 구수하게 욕을 하는 사람도 있다고 말하나 이는 특별난 재능이라기보다 말장난에 불과하다는 생각입니다. 거친 말은 교직에 어울리지 않습니다. 안타깝게도 학생의 인격을 훼손하는 거친 말이 화근이 된 사건을 언론에서 반복하여 접하게 됩니다.

'훌륭한 선생님'이란 결실을 거두기 위해서는 학생 앞에서 해도 될, 해서는 안 될 말과 행동을 가려할 수 있어야 합니다. "나무의 열매가 재배 과정을 드러내듯이 사람의 말은 마음속 생각을 드러낸다. 말을 듣기 전에는 사람을 칭찬하지 마라. 사람은 말로 평가되기 때문이다.<집회서 27:6-7>", "선한 사람은 마음의 선한 곳간에서 선한 것을 내놓고, 악한 자는 악한 곳간에서 악한 것을 내놓는다. 마음에서 넘치는 것을 입으로 말하는 법이다.<루카 6:45>"는 성경 말씀이 있습니다. 좋은 말이 자신을 키우고 지켜 줍니다.[69] 교사가 학생을 대할 때 속상한 나머지 때로는 감정이 흔들릴 수 있으나 차분히 가라앉혀 말이 흐트러지지 않게 주의하길 바랍니다.

학생과 인사를
잘 주고받기

인사하기는 모든 관계의 기본입니다. 인사를 잘하는 사람을 보면 좋은 느낌을 받습니다. 요즘은 이웃 간에 인사를 나누는 일이 적어지고, 안타깝게도 인사하는 아이가 드물어 보입니다. 가정은 도덕을 가르치는 학교로 가정에서의 인성교육은 중요하다는 페스탈로치 Pestalozzi의 말처럼, 인사 같은 기초 예절은 가정에서 시작되어야 합니다. 이에 더해 학교는 시민의 자질과 사회적 관계 역량을 보완하는 역할을 하는 게 바람직합니다. 아쉽게도 가정교육은 기대에 미흡하고 학교는 지식 교육에 치우쳐 서로를 보완하지 못하고 있습니다.

인사 같은 기본 교육이 흔들리는 상황에서 학교의 역할이 더욱 중요해졌습니다. 교사는 가정에서 미처 채우지 못하는 사회성 같은 학생의 결핍을 메우기 위해서 할 수 있는 일을 찾아야 합니다. 학생의 인사성을 밝히기 위해서는 무엇보다 교사의 솔선수범이 중요합니다. 한동안 교문에서 등교하는 학생들을 맞이한 적이 있습니다. 하이파이브를 섞어 '좋은 아침' '굿모닝' '하하호호'를 외치며 학생들에게 인사받기를 기다리지 않고 먼저 인사했습니다. 처음에 학생들은 어색해 보였지만 점차 호감과 호응이 높아졌습니다.

영국의 서머힐Summerhill 학교를 세운 니일Neill은 "가장 좋은 교사란 아이들과 함께 웃는 교사고, 가장 좋지 않은 교사는 아이들을 우습게 보는 교사다The best teacher laughs with children, the worst laughs at children."라고 말했습니다.70 학생과 인사를 나눌 때는 학생의 인사에 고개만 끄덕이거나 반응이 신통치 않거나 무심코 지나치지 않아야 합니다. 밝게 웃으며 경쾌한 목소리로 기분 좋게 인사를 나누어야 합니다. 제때 눈을 맞추고 이름을 부르며 반갑게 반응하면 금상첨화입니다.

경험이 있다면 선뜻 공감하겠지만, 상대의 인사에 순간 때를 놓치고 늦게 반응하거나, 깊은 생각에 빠져 인사를 지나치는 경우가 있습니다. 인사할 적시適時를 놓쳐도 되돌아서 인사를 하는 게 못 하는 것보다 백번 낫습니다. 드물지만 교사뿐만 아니라 학생도 마찬가지로 어쩌다 인사하는 때를 놓치고 지나칠 수 있습니다. 그냥 지나치더라도 어떤 사정이 있겠거니 이해하고, 곧바로 지적하기보다 넘기는 여유가 때로는 필요합니다. 먼저 인사를 해서 주의를 환기해 반응을 이끄는 것도 쓸 만한 방법입니다. 인재를 공정하고 원만하게 적재적소에 배치하면 모든 일이 잘 풀린다는 '인사人事가 만사萬事다'라는 말을, 학생과 인사人事를 주고받는 데에도 적용하고 싶습니다.

교사의
용모

프랑스의 소설가 발자크Balzac는 얼굴은 하나의 풍경이고 용모는 결코 거짓말을 하지 않는다고 했습니다. 복장을 보고 사람의 인품을 상상하는 경우도 있습니다.[71] 첫인상이 중요한 첫 출근은 물론이고 근무하는 어떤 순간에 누구와 만나게 될지 모를 일이기에 전문가다운 인상을 줄 수 있는 차림이 늘 필요합니다. 임용시험의 수업실연과 면접 때 좋은 인상을 주기 위해 특별한 신경을 썼던 기억을 떠올리고, 첫 출근 때 차림새를 제대로 갖추려는 마음을 교직 내내 유지하면 좋겠습니다.

내가 농촌에 자리한 중학교의 초보 교사 때였습니다. 당시에는 생활지도를 하는 교사를 도와 등굣길 학생들의 용모를 확인하는 등의 활동을 하는 학생 조직인 '선도부'가 있었습니다. 등굣길에 선도부 학생들은 내가 교문을 들어설 때마다 신임 교사인 나의 옷차림에 큰 관심을 보였습니다. 넥타이 하나라도 변화를 주면 학생들은 금방 알아보고 반응을 보였습니다. 나의 용모에 주목하던 학생들 때문에 옷차림에 더 신경을 써야 했던 초보 교사 때의 기억이 또렷해서 세월이 흐른 지금도 학생들 앞에서 단정한 용모를 갖추고자 노력하고 있습니다.

교사의 모든 것은 알게 모르게 학생에게 스며듭니다. 겉으로 드러나는 교사의 용모 또한 그렇습니다. 학생은 자신의 외모에 관심을 가질 뿐 아니라 가르치는 교사의 옷차림도 눈여겨봅니다. 교사의 용모가 학생에 미칠 부정적인 영향을 염려해서 예전에는 교장이나 선배 교사가 후배 교사의 옷차림새가 튄다 싶으면 때로는 기분이 상할 만큼 지적하던 때가 있었지만, 지금은 서로의 용모를 언급하는 일은 아주 조심스러워 조언하지 않고 지나칩니다. 전문가의 용모에 관한 사회적 기대에 어긋나지 않는 옷차림이 되게 스스로 신경 써야 합니다. 타인의 눈을 너무 의식하는 것은 바람직하지 않지만, 타인의 눈도 필요할 때가 있습니다.

> 교직은 30년 전에 비해 전문직 복장을 덜 강조하는 경향이 있지만, 사람을 대하거나 일을 하는 방식뿐만 아니라 옷을 입는 방식에 있어서도 전문적인 환경을 조성하는 것이 합리적인 접근 방식이 될 수 있습니다. 수업 관리에 어려움을 겪는 교사가 있다면 처음부터 전문 복장을 입으라고 권고하는 것이 좋습니다.
> - 주삼환 등 옮김. 『학교문화 리더십』[72]

교사는 의복을 통해 정체성을 가장 잘 표현할 수 있습니다.[73] 교사의 옷차림은 교사에 대한 존경심, 신뢰, 권위 등 학생 교육 전반에 영향을 미친다는 연구 결과가 있습니다.[74] 시각에 민감한 학생에게는 더욱 영향을 미치는 교사의 옷차림은 교육의 예술적 속성과 관련을 지을 수 있고, 교직문화의 구체적 상징이자 강화하는 매체媒體이기도 합니다. 최근 일부 학교에서 학사일정에 따라 의복 스타일

을 계획하거나 수업 등 상황과 맥락에 맞게 의복행동을 디자인하는 변화를 보여 주고 있습니다.[75]

    모든 전문적 직업은 외모를 보기 좋게 할 뿐 아니라 그 직업의 전문가로 더욱 돋보이게 하는 복장을 갖습니다. 법관은 법복으로 권위를 상징하고, 의사는 가운gown을 착용하여 전문가임을 드러냅니다. 중세 시대 교사처럼 긴 검은 가운을 입고 가르치자는 얘기는 아니지만, 각 분야의 전문가다운 복장에 관한 공감대를 고려해 제 모습을 갖춰야 할 것입니다. 고유한 성질이나 특성을 잘 드러낼 때 '답다'라는 말이 쓰입니다. 초등학생은 3일, 고등학생은 10일이면 교사를 그대로 따라 한다고 합니다.[76] '선생님답다'는 말을 잘 새겨 언행은 물론이고 용모를 잘 가꾸기를 바랍니다.

학생에게 늘
유익한 교사

내가 교직 3년째에 사회에서 만난 청년에게 교사라고 소개하자 "선생이라면 이가 갈린다."라고 대뜸 독설을 뱉어 황당한 적이 있었습니다. 알고 보니 고등학교 졸업을 코앞에 두고 받은 징계를 부당하다고 여겨 쌓인 불만이 표출된 것이었습니다. 이와 대조적으로, 어떤 곳에서 만난 다른 젊은이는 내 신분을 밝히자, "아~, 선생님이세요!"라고 반갑게 반응하며 자신을 가르치지 않은 나를 은사인 양 대했습니다. 두 사례를 통해 교사는 학생에게 어떤 모습으로 비쳐질지에 대한 두려운 마음과 가르침의 무게를 느낄 수 있습니다.

교육자는 학생의 사정을 충분히 헤아려 학생에게 가장 유익한 길을 찾아야 합니다. 학생의 마음을 다독이지 못한 채 사무 처리하듯 기계적으로 다루어서는 안 됩니다. 불가피하게 규정에 따라 징계를 내려야 할 때도 학생의 불이익이 최소화되게 최선을 다하고, 학생이 상황을 이해하고 수용할 수 있게 설명해야 합니다. 선생님은 진심으로 학생이 잘되게 이끄는 분으로 설령 학생에게 짐이 되는 처벌도 어쩔 수 없어 하는 일이라고 학생이 선생님을 믿고 따를 수 있어야 합니다. 교사 본인도 모르게 정신적 고통과 상처를 준 학생과 세월이 흘러 우연히 마주칠 때 외면받는 교사가 되면 안 될 것입니다.[77] 교사는 잊어도 학생은 기억합니다.

학교는 학생에게 최선의 이익이 되어야 합니다.[78] 부모가 자녀의 잘못을 보듬으며 좋을 길을 열어 주려 힘쓰듯이, 교사도 잘못한 학생에게 지울 수 없는 주홍글씨를 새기지 않고 학생에게 가장 유익한 방법을 찾아 불이익을 최소화해야 합니다. 교직생활을 돌아보면 보람된 기억이 많지만 품 안의 제자를 제대로 보호하지 못한 일을 떠올리면 마음이 저밉니다. 학생 때 안타깝게 불미스러운 일을 겪은 마흔의 나이를 넘긴 제자는 어떻게 지내고 있는지 ⋯ 이러지 않고 저랬으면 바뀌었을지도 모를 제자의 앞길을 생각하면 마음이 무겁습니다. 요즘은 없을 일이지만, 오래전에 내가 저경력 교사일 때 겪었던 두 가지 사례를 얘기하고자 합니다.

1학년 담임 반을 맡아 여름방학을 마친 개학일에 한 학생이 머리를 붉게 물들인 채 등교하였습니다. 호기심에 했다 하더라도 개학 전날 검은색으로 염색하고 오면 좋으련만 그대로 온 것입니다. 수업 전 아침 청소 시간에 미장원에 다녀오라며 돈이 없으면 주거나 부담되면 빌려주겠다고 했으나, 학생은 일과를 다 마치고 염색하겠다고 고집했습니다. 학생부 눈에 띄면 담임이 관여하기 어렵다는 말에도 요지부동이었습니다. 지금은 '학생생활지원부'로 명칭이 바뀌는 등 학생의 학교생활을 돌보고 안내하고 지원하는 관점이 강화되었지만, 오래전의 '학생부'는 지시, 단속, 징계의 관점에서 상당 부분 역할이 이루어졌습니다.

일과 중 학생부 눈에 띄어 지도를 받는 과정에서 학생부는 다른 학생을 시켜 책가방을 가져오게 하여 소지품 검사를 했습니다. 요즘은 삼가는 개인 수첩의 내용을 세밀하게 읽고 방학생활을 시시콜콜 파악했습니다. 사태를 접하고 학생부로 찾아갔으나 상황은 종료되었습니다. 염색보다 수첩의 내용이 문제가 되어 자퇴든 전학이든 선택해야 하는 지경에 처했습니다. 억지로라도 귀가를 시켰거나 잡아끌고서라도 미장원을 가지 못한 후회가 막급하였습니다.

과거에 공공연한 지도 방식이 지금은 전혀 맞지 않듯, 지금 당연시하는 일이 시간이 흐르면 얼토당토않게 여겨질 수 있습니다. 최근에는 염색과 파마의 금지와 허용 논란이 이어져, 일부 교육청은 신체의 자유와 자기결정권을 내세워 두발 규제를 학교 자율에 맡기거나 폐지하려는 움직임을 보입니다.[79] 미국은 학생의 안전을 보장해야 하는 특성을 가진 학교에서 개인권보다 안전을 우선시하지만, 보안과 안전을 명목으로 소지품이나 신체검사를 하더라도 개인의 권리 침해를 경계해야 한다는 법적 판결이 있습니다.[80] 학생에게 최선의 이익이 돌아가게 노력해야 하는 학교가 학생의 교육 기회를 막는 일이 있어서는 안 될 것입니다.

상업계열 1학년 학급 담임을 맡던 때입니다. 학년말 무렵에 학생 몇이 친구의 생일을 축하하기 위해 노래방에 갔습니다. 돈이 별로 없어 노래방에 오래 머물지 못하고 나와서 어스름한 저녁 무렵에 역 광장에 둘러앉아 노래를 불렀습니다. 교복을 입은 학생들이 늦은 시간 광장에 모여 노래를 부르는 모습을 보고 어른 마음에 걱정이 된 경찰이 파출소로 데리고 간 후 학교로 연락했습니다. 학생부는 학생들을 인계받아 귀가시킨 다음 날, 징계 절차를 밟아 정학 처분을 하고자 했습니다.

담임인 나는 학생들의 평소 생활이 착실하고, 정학은 무단결석으로 처리되어 취업에 큰 문제가 될 수 있으니 담임이 책임지고 지도하겠다고 간곡하게 말했습니다. 하지만 학생부는 학교의 명예를 훼손했다는 이유를 내세워 받아들이지 않았습니다. 경각심을 주어야한다는 의도와 다르게 학생들은 징계를 받으면서 좋던 성적이 떨어졌고, 일부는 2학년이 되자 학교를 그만두었습니다. 자퇴한 학생들과 같은 학년이 졸업한 얼마 뒤, 학교를 마치고 사회에 나가면 전산회계 같은 특기를 살려 제 역할을 잘하리라 기대되었던 한 자퇴생이 백화점 가판대에서 호객呼客하는 모습을 우연히 보았습니다. 순탄하게 졸업한 다른 친구들이 깔끔한 백화점 사무복을 입고 있는 모습과 대비되어 마음이 아팠습니다.

파출소에서는 처벌 없이 타일러 보낼 단순한 일이었습니다. 경찰은 학교에서 교육적으로 잘 지도하기를 바라는 좋은 뜻이었겠으나 학교에 맡긴 게 오히려 학생의 장래에 지장을 초래하는 일이 되어버렸습니다. 경찰보다 교사가 학생에게 더 가혹하게 처벌하였습니다. 학생을 위해 존재해야 할 학교가 학생의 장래보다 학교의 명예를 더 중요하게 여겨 선도가 아닌 단죄하는 꼴이 되었습니다. 학교는 사법기관이 아니라 교육기관이라는 역할을 잊은 것입니다.

학교는 규칙을 올바르고 공정하게 적용하도록 노력해야 하지만, '학생을 위한 최선의 유익'이라는 관점에서 살펴야 합니다. 학생의 미래를 가로막을 수 있다면 다른 교육적 방법을 찾아야 하고, 잘못을 보듬어 깨달을 기회를 마련해야 할 것입니다. 페스탈로치Pestalozzi는 "교육자는 사랑을 실천하는 제2의 성직자이어야 한다."라고 했습니다.[81] 진정한 교권은 학생을 사랑할 권리라고 믿는 어느 교사는 자신을 따라 처음 교단을 밟는 아들에게 그 어떤 경우에도 교육은 처벌이 아니라 용서고 보살핌이고 사랑임을 마음에 새길 것을 가장 먼저 당부했습니다.[82]

문제 해결의
관점

내가 처음 교사가 되어 학생을 지도할 때는 학생 때 경험했던 선생님의 모습이 학생들에게 그대로 투영된 것이 적지 않았습니다. 교육계 선배 교사들에게 올바르게 보고 배운 것은 헤아릴 수 없이 많으나 지금의 기준과는 거리가 있는 교육 행위를 관행대로 받아들인 것도 있습니다. 당시에는 학생을 위한 선의였다 하더라도 현재의 사회적 기준은 물론이고 지금의 내 관점으로도 도저히 받아들일 수 없는 방법이었음을 돌아보게 됩니다. 시대에 앞선 깨인 생각을 하지 못한 아쉬움이 큽니다.

교사가 학생과 관련한 문제를 처리할 때 내 자녀를 대하는 마음으로 교육 전문가답게 해결할 수 있어야 합니다. 일이 발생하면 정해진 절차와 규칙을 존중하고 따라야 하지만, '1+1=2'와 같은 판에 박힌 처리는 곤란합니다. 공평하게 적용해야 하지만 같아 보이는 일도 조금씩 차이는 있을 수 있습니다. 학생마다 처한 환경과 상황, 이해당사자가 다름을 고려해야 합니다. 사람이 하는 일은 생각만큼 간단하지 않아 여러 측면에서 살펴야 합니다. 미래학자인 존 나이스비트John Naisbitt가 말한 양자택일적 사고either/or thinking보다 양자포괄

적 해결책*both/and solution*을 모색하는 게 바람직합니다.[83]

문제가 발생하면 먼저 상황을 충실하고 정확하게 파악하여 해결의 실마리를 찾아 풀어 가야 합니다. 이 과정에서 관련 당사자의 입장과 이유 등을 충분하게 청취해야 합니다. 적용할 규정과 절차는 무엇인지를 살피고, 동료들과 협의하거나 조언을 들을 필요가 있습니다. 정해진 규칙을 따라야 하겠지만 규칙을 정할 때 미처 생각하지 못한 면이 있을 수 있고, 규칙 적용을 바라보는 다른 관점이 있을 수 있습니다. 규칙을 적용하려 할 때 누가 정한 규칙이고, 누가 옳고 그름을 판단하는가는 이해당사자 간의 입장에 따라 차이가 있을 수 있습니다. 새롭거나 개별의 특수한 상황 등을 헤아리지 않고 이미 정해진 규칙이니 일률의 잣대에 따르라고 한다면 이해당사자는 수긍하기 어려울 것입니다.

규정에 따른 처벌을 내세우는 것은 법적 관점일 수 있습니다. 학교는 교육기관이지 사법기관이 아닙니다. 흡연지도에 한계를 절감한 나머지, 흡연한 학생을 고발해 과태료를 내게 한 학교는 사법기관과 어떤 차이가 있을까요?[84] 사회는 성장해 가는 학생을 가르치는 교사에게 교육적 전문성이 발휘되기를 기대합니다. 교사의 전문성에 대한 기대는 학생, 학부모, 교육청, 일반 시민 등 입장에 따라 차이가 다양할 수 있지만, 어떤 경우든 교사는 학생에 대한 존중을 바탕으로 학생이 가진 권리와 책임을 헤아려, '학생을 위한 최선의 유익*the best interests of the student*'이란 관점에서 접근해야 합니다.[85]

교사는 부모의 마음으로 학생을 가르쳐야 합니다. 의사는 환자에게 가장 이로운 처방과 해가 없는 치료를 하고 변호사는 의뢰인을 위해 열성적인 변론을 하듯, 교사는 학생을 위한 최선의 유익을 추구해야 합니다.[86] 학교가 존립하고 교사가 존경받는 길은 부모의 마음으로 최선을 다해 학생을 돌보는 것입니다. 교사는 기본적으로 규정에 따라 공정하게 처신해야 하지만, 학생은 실수할 수 있는 성장 과정에 있기에 질책보다 보듬으려는 마음이 앞서야 합니다. 학생이 사면초가四面楚歌인 상황에 빠졌다고 느낄 때라도 교사에게서 한줄기 빛과 위안을 찾을 수 있기를 바랍니다.

내 자녀가
만나길 바라는 교사

학생의 장래를 결정지을 수 있는 교사는 가르칠 때 부모 된 심정으로 책임감을 갖고 가르쳐야 합니다.[87] 스승의 가르침을 받는 이를 제자弟子라고 하고, 상대를 높여 그 가정의 자녀를 자제子弟라고 합니다. 제자와 자제의 앞뒤만 바뀌었을 뿐입니다. 스승은 부모와 다름없다는 '사부일체師父一體'라는 말처럼, 자식을 제자같이 제자를 자식같이 여긴다는 의미로 '자제일체子弟一體'라고 하면 어떨까 싶습니다.

부모는 자식이 행복하게 살아가면 그 모습에 만족합니다. 부모는 자식을 위해서라면 모든 것을 희생할 각오가 되어 있습니다. 자식의 올바른 성장이 부모의 기쁨이고 보람입니다. 무한히 자녀를 사랑하고 돌보는 부모에게는 미치지 못하겠으나 학생을 가르치는 교사도 마찬가지라는 생각을 합니다. 자녀의 새 학급 담임이 누구일지 아주 궁금하게 생각하는 학부모의 마음은 학교에서 담임이 부모를 대신해 주기를 바라는 기대를 담고 있다 할 것입니다. 교사의 자녀도 다른 교사에게 교육받고 성장합니다. 내 자녀를 가르치는 교사에게 바라는 교사가 되어야 하겠습니다.

배우며 성장하는 학생은 어른의 기대만큼 아직 충분히 성숙하지 않습니다. 학생들이 겪는 시행착오는 당연합니다. 학생이 잘못하면 바르게 행동하게 마땅히 가르쳐야 하지만 장래에 돌이키기 어려운 영향을 미칠 처벌인지 심사숙고해야 합니다. 교사의 권한과 권위는 학생을 제대로 가르치기 위한 것이지 그 자체를 위한 것은 아닙니다. 나에게는 엄격하고 남에게는 너그럽게 대하라는 말이 있습니다. 학생을 지도할 때 내 자녀에게도 기꺼이 수용할 수 있는 수준인지를 숙고하기 바랍니다. 좋은 선생님은 세심한 기대를 실천하는 사람입니다.[88]

언제 어디서든
교사

교육을 받은 정신의 최종적 획득물인 교양은 '품격'으로 발현됩니다.[89] 우리 사회는 늘 배움의 터전에 머무는 교사를 교양인으로 인정하고, 높은 품격을 드러내길 기대합니다. 가르치는 대로 본보기를 보이길 바라며, 어떤 다른 전문직보다 더 엄격하게 도덕적, 윤리적 기준을 적용합니다. 교사는 길을 건널 때, 운전할 때, 모임 할 때 등 언제 어디서든 품위를 훼손하지 않기 위해 살필 일이 적지 않습니다.

사소한 실수도 교사이기 때문에 이웃 간에 금방 입소문을 탈 수 있습니다. 무더위에도 옷차림에 신경을 써야 하고 식사 때도 긴장을 늦출 수 없습니다. 특히 좌석 간격이 가까워 옆 테이블의 대화가 여과 없이 들리는 술자리에서는 신경을 더 써야 합니다. 술기운에 소리를 높이다 보면 교사의 신분과 언행이 무방비로 전달되어 교사의 품위를 떨어뜨릴 수 있습니다.

온라인에서도 마찬가지입니다. 온라인은 급격하게 전파되는 특성이 있어 되돌리기란 거의 불가능합니다. 사회관계망서비스SNS: Social

Network Service에 게시한 글과 사진 때문에 큰 파장을 일으키는 일이 많습니다. 술김에 올린 사진 한 장, 한 문장 때문에 곤경에 처할 수 있습니다. 근무시간과 관계없는 사생활이라는 갑론을박은 있지만, 미국에서는 교사가 퇴근 뒤나 휴가 중에 SNS에 올린 부적절하거나 불미스러운 음주 사진이나 욕설을 학부모나 학교가 문제 삼아 해당 교사를 해고에 이르게 한 사례가 있습니다.[90] 다른 나라의 얘기지만 타산지석으로 삼아야 할 것입니다.

배우는 학생들에게 영향을 미치는 교사는 교실에서만 교사여서는 안 됩니다. 나와 연결된 주위 사람들을 제자나 학부모로 여긴다면 품위유지를 위해 긴장을 늦출 수 없을 것입니다. 언제 어디서든 모범exemplar을 보여야 하는 교사임을 잊지 말기 바랍니다.[91]

가시적
존재

부모의 그림자 아래에서 자녀가 자란다는 말처럼, 학생들끼리 보내는 시간에도 교사의 존재감을 잊지 않는다면 행동이 흐트러지지 않을 것입니다. 교사의 존재감 속에 학생은 바르게 성장합니다. 학생들이 느끼는 교사의 존재감은 교사가 부지런히 학생들에게 모습을 보이는 '가시적 존재_{visible presence}'에서 비롯될 것입니다. 학생들이 교실에서 어떻게 생활하는지 꾸준하게 관심을 가지고 자연스럽게 교실을 자주 찾는다면 교사의 존재감을 높이는 데 도움이 되리라 생각합니다.

어느 학교의 교실 앞에 '담임이 지켜보고 있다' '창밖의 선생님'이라는 급훈을 걸어 놓았다는 우스갯소리를 들은 적이 있습니다. 요즘에는 생각지도 못할 일이지만, 오래전에 어느 교사는 학급 관리를 위해 반 학생들의 동태를 시시콜콜 전하는 학생을 두고 교실 돌아가는 사정을 파악하던 우울한 시절도 있었습니다. 학생을 신뢰하지 못해 교육적이지 않게 교실에 감시의 눈을 두는 것과 학생의 생활을 안전하게 돌보려는 관심으로 교실에 눈길을 두는 것은 큰 차이가 있습니다.

수업을 마치고 교무실로 오는 길이나 쉬는 시간과 점심시간 등 수시로 담임 학급의 교실 앞을 오가고 학생 화장실을 이용하는 것은 불편할 수 있지만, 관심이 필요한 시간과 공간의 사각지대를 줄일 수 있습니다. 여러 교사가 퇴근하고 학생들이 남아 야간자습이나 자율활동을 하는 고등학교의 저녁 시간은 시공간의 사각지대가 많아집니다. 퇴근 후라도 틈틈이 담임의 모습을 반 학생들에게 보이면 학생들은 담임을 언제든 늘 곁에 있는 존재로 느낄 것입니다.

물론 쉬는 시간과 점심시간은 학생이 자유롭게 숨통을 여는 시간입니다. 이런 시간까지 간섭하는 것은 지나친 일입니다. 학생에게 주어진 쉬는 시간은 또래와 어울리며 성장하는 시간이기도 합니다. 이런 시간은 학생들 곁을 지나치는 모습으로도 효과가 클 것입니다. 언제 어디서든 학생과 함께한다는 교사의 존재감을 잘 드러내기 바랍니다.

식사 예절의
품격

학교 식당에서 선생님 몇 분과 함께 식사를 마치고 식판 정리를 위해 줄을 서려는 참이었습니다. 다른 방향에서 식판 정리를 위해 대기하던 한 학생이 나를 보고 자기 순서를 양보했습니다. 평소에 수업 태도가 바른 학생이었습니다. 고맙다는 인사를 건네며 식판을 정리할 때 그 학생의 식판이 눈에 들어왔습니다.

식사하고 남은 음식을 식판 수거대 옆에 놓인 잔반통에 버리기 전, 식사한 자리에서 식판의 한곳에 잔반을 깔끔하게 모아 와서 처리하기를 바라는 나의 기대와 다르게 식판의 잔반 정리가 안 되어 지저분했습니다. 가르칠 적절한 기회라 생각하여 깨끗하게 정리된 나의 식판을 보여 줬습니다. 함께 식당을 나서면서 먹고 남은 음식 정리에 관해 알려 줬더니 미처 생각하지 못했던 무언가를 깨달았다는 듯 고개를 끄덕였습니다.

겉으로 드러난 행동으로 인품을 속단할 수는 없겠으나 비추어 생각해 볼 수는 있을 것입니다. 평소 차분한 사람이 운전대를 잡으면 난폭해지거나, 점잖은 신사로 보이는 사람이 길바닥에 가래침을 뱉는다면 황당한 반전의 모습으로 비칠 것입니다. 식사 예절의 연장선상인 잔반 처리와 식판 정리를 아무렇게나 하여 평소의 좋은 인상을 흐린다면 안타까운 일입니다. 식사 예절을 품격의 중요한 판단 기준으로 삼는 사람은 이를 보고 실망감을 느낄 것입니다.

개인의 특징과 성향은 존중되어야 하고 개별의 방식으로 행동할 수 있어야 하지만, 교사는 사회의 행동 규범을 따라 모범적 역할을 해야 할 공통분모의 페르소나persona를 지니고 있습니다. 개인의 고유성을 발휘하는 한편, 사회가 교사에게 바라는 높은 기대에 부합하는 행동과 태도가 몸에 배게 노력해야 합니다. 식사 예절과 같은 섬세한 부분까지 신경 써 꾸준히 다듬으면 생생한 품격의 모범을 언제 어디서든 자연스럽게 드러낼 수 있으리라 생각합니다.

동료 교사와의
관계

가르치는 일은 혼자 하는 일인 동시에 함께 하는 일이고, 공동의 책임이 있습니다.[92] 교사들의 교육 활동 하나하나가 모여 학생의 배움의 길을 다채롭게 밝히고, 함께 가르치는 학생으로 연결된 교사는 서로 조화를 이루어 더불어 생활하는 공동운명체의 관계가 됩니다. 교사들이 함께 배우고, 계획하고 성찰하고, 일할 때 학교는 성공합니다.[93]

학교라는 공간에서 긴밀하게 많은 시간을 함께 보내다 보면 동료 관계는 호형호제呼兄呼弟할 정도로 가까워져 각별하게 신경 써야 할 학생 앞에서의 말과 행동이 흐트러질 수 있습니다. 너무 친밀하여 편해지고 기대가 높아져 사소한 일로도 서운한 감정이 들어 관계가 틀어질 수도 있습니다. 미국의 작가 주디스 마틴Judith Martin은 "친밀한 관계는 예의를 지키지 않아도 된다고 말하는 사람은 친밀한 관계를 맺고 싶어 하는 사람을 잃는다."라고 하였습니다.

문화인류학자인 에드워드 홀Edward Hall은 사람들이 서로를 어떻게 느끼는가에 따른 인간관계의 거리를 '밀접한 거리, 개인적 거리, 사회적 거리, 공적 거리'로 구분했습니다. 개인적 거리는 친소親疏에 따라 대략 45~120cm, 사회적 거리는 개인적이 아닌 업무나 상황에 따라 120~360cm 정도가 바람직하고, 이런 거리는 서로 다른 유기체 사이의 보호 영역으로 유지할 필요가 있다고 하였습니다.[94] 인간관계의 안정과 균형을 위한 적절한 관계의 거리는 서로의 존재와 영역을 존중하는 의미를 담고 있습니다. 나무도 너무 가까우면 가지가 부딪히고 뿌리가 엉켜 서로를 방해합니다. 인간관계도 비슷합니다. 물리적 거리뿐만 아니라 태도 같은 추상적 거리도 중요합니다. 좋은 관계를 오래 유지하려면 적당한 간격이 필요합니다.

　혹시 동료와 갈등을 겪더라도 문제만 곱씹지 말고 원만하게 해결하려는 너그러운 마음이 필요합니다. 니체는 사람의 가치는 타인의 관계로 측정될 수 있다고 하였습니다. "남이 너희에게 해 주기를 바라는 그대로 너희도 남에게 해 주어라.<마태 7:12>"는 말씀은 인간관계의 황금률입니다. "겸손은 사람을 머물게 하고 / 칭찬은 가깝게 하고 / 넓음은 따르게 하고 / 깊음은 감동케 하니 / 마음이 아름다운 자여! 그대 그 향기에 세상이 아름다워라"라는 이채 시인의 시를 새기며 하루하루 생활하길 바랍니다.[95]

학부모와의
관계

학생은 학부모와 교사라는 두 관계 안에서 생활합니다. 교사가 학부모와 좋은 관계를 맺으면 교육하는 과정에 긍정적으로 영향을 미칩니다.[96] 교사는 부모와 학생 사이에서 학업의 중재자로 역할을 합니다.[97] 학교와 가정의 강한 유대감은 아동 교육에 필수입니다. 학부모는 자녀의 첫 번째 교육자고 학부모의 학교생활 참여가 학생의 발달에 긍정적 영향을 미친다는 연구 결과는,[98] 학생의 문제와 성장은 어느 한쪽의 과제가 아닌, 가정과 학교 모두가 조율하고 협력할 과업이라는 것을 알려 줍니다.

교육학자인 하그리브스Hargreaves는 "학부모와 교사 모두는 아동에게 최선의 일이 일어나길 원한다는 점에서 공통점이 있다. 그러나 양쪽이 아이에게 좋은 것을 원하지만, 너무 다른 것을 원하기에 갈등이 발생할 수밖에 없다."라고 했습니다.[99] 학교와 가정 사이의 갈등을 예방하고 해소하려면 서로의 입장을 이해하고 차이를 좁히는 소통이 중요하고 상호 협력하려는 태도가 요구됩니다.

핀란드의 어느 교장은 교사의 첫째 임무는 가정과 소통하여 협력을 이끄는 일이고, 둘째는 아이들의 생활을 돌보는 일, 셋째가 가르치는 일이라고 할 정도로 학부모 또는 보호자와의 소통과 협력의 관계를 우선 강조했습니다.[100] 교육의 동반자이고 협력자인 교사와 학부모는 래포rapport가 형성된 공적 관계에서, 너무 소원하거나 지나치게 친근함을 경계하는 '불가근불가원不可近不可遠'을 새겨야 합니다.

학부모를 대하는 일은 교사가 맞닥뜨리는 가장 중요하고 어려운 문제 가운데 하나입니다.[101] 특히 초임 교사 때 자신의 부모 연령대의 학부모를 만나면 더욱 조심스럽습니다. 하지만 학부모를 어렵게 여겨 대화를 미루다 보면 적절한 친밀감과 신뢰를 쌓을 기회를 제때 갖지 못합니다. 자녀를 위해서라면 어떤 어려움도 감내하는 학부모 역시 교사를 대하기는 힘든 일입니다. 학교에서 전화가 오면 대개는 행여 무슨 문제가 있는가 싶어 긴장이 앞서거나, 연락이 없으면 무소식이 희소식이라 여기며 소극적으로 지내게 됩니다. 교사와 학부모 사이에 빚어진 많은 오해는 소통 부족이 원인입니다.[102]

소통 없이 무탈하게 시간을 보낼 수도 있지만, 서로 신뢰로운 관계가 형성되었다면 쉽게 풀릴 일도 그렇지 못한 관계에서 문제가 발생한다면 해결하는 데 큰 어려움을 겪을 수 있습니다. 필요한 사무적인 일뿐만 아니라 학생의 일상적인 학교생활의 소소한 일로도 소통하여 적절한 친밀감과 신뢰감을 쌓을 필요가 있습니다. 학생이 학년 초 학교생활에 적응하는 긍정적인 모습을 짧게라도 전하는 것은 학부모와 좋은 관계를 형성하는 한 가지 방법일 것입니다.

교사는 부모가 자녀에 대해 모르는 것을 아는 것도 있지만, 부모보다 자녀에 대해 더 많이 알기 어렵습니다. 학생이 잘못했을 때 단정하여 학부모에게 일방적인 통보식이 아닌 학생의 평소 생활에서 긍정적 면을 언급하며 자녀를 가장 잘 아는 학부모에게 협조와 해결책을 구하는 자세가 필요합니다. "자녀에 대한 그릇된 판단만큼 부모의 전투 정신을 불러일으키는 것은 없습니다."103

미국의 담임은 새 학년을 시작하기 일주일 전에 학급을 맡은 소감, 성별·과목·연락처 등의 소개와 교실 위치, 등교 시간, 학용품 등 준비 목록을 안내하는 통신문, 때로는 자기소개를 담은 엽서와 편지 등을 보내기도 합니다. 교장은 개학에 관한 안내문을 보내고, 학부모회는 학부모총회 안내문과 자원봉사자 모집과 학급·학년의 학부모 대표 신청서를 보냅니다.104 미국의 예가 학년 초 가정과의 소통에 참고되면 좋겠습니다.

학부모와 지나치게 밀접한 관계는 공정해야 할 업무 처리에 지장과 불신을 불러올 수 있습니다. 미국의 일부 주는 페이스북 같은 SNS에서 학부모와 관계 맺기는 학교의 공식 계정을 통하게 하는 등 사적 관계를 규제합니다. 학부모를 공적인 일로 학교 밖에서 만나야 할 불가피한 특수 상황이라면 교장 등 책임자나 관계자에게 미리 알리기 바랍니다.

　학부모를 만날 때의 수칙守則을 새기고, 성실과 청렴의 의무를 지닌 교사로서 '김영란법'이라고 불리는 「부정청탁 및 금품 등 수수의 금지에 관한 법률」에 유념해야 합니다. 학부모와의 관계가 위축되게 말한 부분이 없지 않으나 철저히 살피자는 뜻으로 이해하기 바랍니다. 관계 맺기에 서툴러도 학생을 사랑하고 열성을 다하려는 마음이 학부모에게 전달된다면, 학부모는 자녀 교육의 협조자이자 동반자로서 교사를 돕고자 할 것이니 학부모와의 관계를 너무 무겁게 받아들이지 않으면 좋겠습니다.

학부모
면담

미국은 새 학년 시작 전에 신입생과 학부모에게 학교를 개방하여 학교 안내와 준비할 일에 관한 정보를 제공합니다. 그리고 한 학기에 한 번 학부모 면담을 위한 오픈스쿨open school/오픈하우스open house 가 있습니다. 오픈스쿨은 하루는 야간에 하루는 오후에 열려 학부모는 편한 시간에 참여할 수 있습니다. 학부모는 정해진 면담 장소를 돌며 교과 교사들과 개별적으로 상담을 합니다.

미국에서 인성교육은 성직자나 부모가 해야 할 일로 생각하고, 학칙에 따른 징계 등 학생 생활지도는 교장과 교감이 맡습니다. 교사는 지식을 가르치는 사람으로 여겨져, 학부모와 상담할 때 주로 성적 관련 문제를 다룹니다. 교사는 자신의 업무 외의 질문을 받으면 내용을 알더라도 대답하지 않는 게 원칙입니다.105 역할이 뚜렷이 구분된 미국이지만, 가르치는 일과 인성 및 시민교육을 통합하려는 변화된 모습을 최근에 엿볼 수 있습니다.

우리는 주로 학교의 교육과정 설명회, 상급 학교 진학을 위한 원서 작성, 학생의 취업 지원, '학교 방문의 날' 행사 때에 학부모 상담이 이루어집니다. 일반계 고등학교에서는 학년별로 개최되는 학교의 교육과정 설명회 후, 반별로 나뉘어 학급 담임과 학부모의 간담회가 열리고, 이어 개별 면담이 있습니다. 수시 면담은 필요한 일이 생겨 교사나 학부모가 원할 때 시간을 조율해서 성사됩니다. 미국에서 수시 상담은 대부분 일과 시간에 이루어지나, 우리는 심야나 휴일에도 전화 상담에 응하는 형편이어서 불편을 호소하는 교사가 늘고 있습니다.

미국은 학부모 간담회 및 면담과 관련해서, 교사가 학부모와 만나기 전Before, 만나는 동안During, 만난 후After로 구분하여, 해야 할 일Do's과 하지 말아야 할 일Don'ts에 관한 지침을 마련해 안내하고 있습니다. 우리나라는 교사가 학부모 상담을 할 때 유의해야 할 기본 지침이 아직 미비해 특히 신규 교사는 갈피를 잡지 못하고 긴장하는 경우가 적지 않습니다. 도움이 되고자 American Teachers,[106] KidHealth kidshealth.org, Turinitin turnitin.com 등에 언급된 학부모 면담을 위한 조언을 우리의 상황을 반영하여 소개합니다.

<해야 할 일과 해서는 안 될 일>
면담은 정해진 공간에서 한다. 긍정적으로 대화를 시작하고 학생의 학교생활을 살필 수 있는 자료를 준비해 공유한다. 학교와 교사가 학생에게 거는 기대를 공유한다. 학부모와 유대감을 쌓는 기회로 삼아 즐겁게 대화한다. 교사는 학생을 잘 알지만, 학부모는 자녀의 출생부터 전체 삶을 알고 있기에 학부모의 지원이 필요하다는 점을 기억한다. 교사와 학부모는 합심해야 한다는 점을 잊지 않는다.

준비되지 않은 상태로 임하지 않는다. 학부모가 다른 학생을 대화에 끌어들인다 해도 다른 학생에 관한 얘기를 꺼내지 말고 개인정보 보호에 유의한다. 내 업무가 아닌 질문에는 답변을 피하고 담당자를 알려 준다. 개인 면담 중 일일이 받아 적기를 삼가고, 필요한 기록은 학부모가 자리를 뜬 후 정리한다. 면담에 오지 않은 학부모가 학교에 무관심하다고 섣불리 판단하지 않는다.

<학부모와 면담하기 전>

상담 참여의 유익함, 면담의 목적, 시간과 장소, 참석 대상에 관해 분명하게 안내한다. 만나는 시간은 학교의 일과와 학부모의 가능 시간 등을 고려하고 상의해서 정한다. 장소를 찾기 쉽게 안내하고 학교 출입 때 유의할 사항이 있으면 함께 안내한다. 상담에 필요한 정보를 숙지熟知한다. 규정, 성적, 각종 검사 결과 등 관련 정보를 확인한다.

학부모와 공유할 데이터와 학생의 활동 자료 등 상담에 필요한 자료를 준비하고, 가정의 학습 지원과 관련한 질문이나 기대를 파악할 수 있는 질문을 정리한다. 편한 의자와 테이블 등 장소의 상태를 살피고, 간단하게 음료 및 간식의 준비도 고려한다. 혹시 학생 문제로 인해 불편한 감정이 있다면 진정시키고 만난다. 분위기를 좋게 할 간단한 인사말을 개인별로 준비한다.

<학부모를 면담하는 동안>

긴장을 풀고 환영하는 분위기를 조성한다. 마주 보거나 나란히 앉아 자연스럽게 대화한다. 대화의 목적이 학생의 성취와 성장을 위한 것이고, 학부모는 사랑하는 자녀의 당면한 과제뿐 아니라 장점도 듣고 싶어 한다는 것을 기억하고 긍정적으로 대화의 문을 연다. 교사와 부모의 교육관이 다를 수 있음을 인정한다. 학생의 활동물을 보여 줄 때는 해당 학생의 것인지를 반드시 먼저 확인한다.

면담 중에는 학부모의 말에 집중하면서 기억에 필요한 핵심어만을 짧게 기록하고, 다음 면담 차례를 위한 준비 시간을 이용해서 정리한다. 학부모가 다른 또래와 비교해서 자녀의 성취를 알고 싶어 해도 해당 학생의 성적과 학업 수준에 초점을 맞추어 진보와 성장 등의 기대에 관해 대화한다. 나타난 학습의 결과보다 학생의 성장을 도울 방법에 집중한다. 교사들 간 사용하는 전문 용어를 삼가고 학부모가 이해하기 쉽게 얘기한다.

교사 혼자 대화를 독점하지 않고 학부모의 말을 경청한다. 교사가 학생에 대한 의견을 말하고 부모의 의견도 청취한다. 부정적인 말은 긍정적인 말 사이에 샌드위치로 끼워 넣는다. 학생 교육에 도움이 될 정보를 얻기 위해 학부모와 대화하며 관심사를 헤아린다. 학생의 꿈과 희망뿐 아니라 재능과 강점, 욕구, 학습유형, 문제점 등을 질문하고 들어서 파악한다. 가정에서 자녀의 학습을 지원할 활동과 전략에 관한 계획을 협의하거나 제안한다. 해결할 문제가 있다면 학부모의 의견을 먼저 구하고 학교와 가정의 지원책을 제시한다.

해결책은 현실적인 내용으로 제시한다. 때때로 학부모가 불편하게 여길 수 있는 정확한 평가 정보를 솔직하게 전달할 책임과 면담을 관장하는 책임이 교사에게 있다는 것을 기억한다. 학부모가 자녀에 대한 교사의 평가에 대해 부정적 또는 방어적 태도로 비판하여도 건설적으로 받아들인다. 학부모에게 충언할 수 있지만, 권위적 언행을 하지 않는다.

상담에서 공유한 문제와 해결책 등을 요약하고, 방문에 대한 감사의 인사로 마무리한다. 추가로 문의할 수 있는 연락처를 전달한다. 여러 명의 학부모와 연이어서 상담을 해야 한다면 한 학부모에게 시간이 편중되지 않게 한다. 한 학부모의 면담을 마친 직후에는 꼭 기억해야 할 간단한 기록과 준비를 위해 휴식할 간격을 갖는다.

<학부모와 면담한 후>
학교 방문과 대화의 유익함에 대해 편지, 문자, 통화 등으로 인사를 한다. 시간이 지나 잊기 전에 학생별로 학부모 면담 기록을 정리한다. 알게 된 정보를 학생의 성장과 성취에 도움이 되는 교육적 결정과 학습지도에 활용한다. 문제 해결의 진행을 학교와 가정이 수시 또는 정기적으로 소통하여 공유한다. 학생에게 부모를 만나 공유한 결과를 설명하고 학생의 참여를 이끈다. 학생이 거둔 진보에 대한 칭찬을 지체하지 않고 가정에 전달한다. 자녀의 학교생활을 학부모에게 알리고 가정에서의 생활을 듣는다. 전체 공개 면담에 참석하지 못한 학부모에 대한 안내 등 배려 방안을 마련한다.

교사는 학생 전체를 바라봐야 하지만, 학부모는 내 자녀가 전부라고 여기기 때문에 교사와 학부모의 입장에 차이가 있을 수밖에 없습니다. 학교에서 학생을 관찰하는 교사는 가정에서 부모가 자녀를 바라보는 것과 다른 관점을 가질 수 있습니다. 하지만 부모만큼 학생에 관해 많이 아는 사람은 없다는 생각으로 학부모를 인정하고 대화하면 좋겠습니다. 교사와 학부모가 서로를 이해하고 원만한 관계를 유지하는 것은 교육에 큰 도움이 됩니다. 교사와 학부모는 학생-자녀의 두 관점으로 대립하는 관계가 아니라, 서로가 모르는 부분을 보완하는 관계이고, 공통으로 아는 부분을 학생과 자녀로서 더욱 성장하는 데 필요한 에너지로 삼는 관계입니다.

독일의 교사이자 작가인 하이데마리 브로셰Heidemarie Broche는 "학부모는 약자의 입장이라고 느끼고, 교사 앞에서 불안감이나 두려움을 느낀다. 교사가 자녀에 대해 무슨 말을 할지 몰라 두려워하고, 자녀 교육에 대한 평가와 비난을 두려워한다.", "첫아이를 학교에 보낸 엄마는 아이와 함께 입학한 것이나 다름없다. 그리고 얼마 지나지 않아 교사와 소통할 방법이 거의 없다는 첫 번째 교훈을 배우게 된다."라고 말했습니다.107 이처럼 학부모는 교사를 어려워하면서도 소통을 바랍니다. 바쁜 학년 초이지만 할 수 있는 한 빠르게 학생의 장점을 찾아 학부모 면담 전에 부모와 짧게라도 통화하면, 추후 이어질 간담회나 면담 분위기를 좋게 할 수 있습니다. 학부모와 좋은 관계, 신뢰 관계를 잘 형성하고 유지하기 바랍니다.

교사의
개인정보 보호 의무

교사는 종교에 따른 차별 없이, 친절하고 공정하고 성실하게 직무를 수행해야 합니다. 교사는 영리를 목적으로 하는 다른 일이나 기관장의 허가 없이 다른 직무를 겸할 수 없습니다. 직무와 관련한 청탁이나 향응을 배척해야 하는 청렴의 의무도 지닙니다. 직무상 알게 된 비밀은 퇴직 후에도 엄수할 의무가 있습니다.[108] 이 밖에도 교사에게 요구되는 의무는 많지만, 무엇보다 비밀엄수와 개인정보의 의무가 갈수록 강조되고 있어 관련해서 특별한 주의가 필요합니다.

대학입시 결과가 발표된 후에 진학 결과에 관한 문의 전화를 받았습니다. 아는 사람의 자녀가 어느 대학에 합격했는지 알아봐 달라는 부탁이었습니다. 또 다른 건은 성적이 뛰어나 합격이 당연시되던 학생이 기대와 다르게 불합격한 사유를 알고 싶다는 전화였습니다. 교육열이 높은 지역이라서 풍문으로 전해 들을 수 있는 일일 텐데 학교 관계자의 입을 통해 확인하고 싶었던 모양입니다. 이 같은 업무와 민원을 처리할 때도 개인정보 보호와 관련한 저촉 여부를 판단해서 대응해야 합니다.

1970년대 학교에서 학생의 가정환경 조사를 할 때, 재봉틀·전화·TV 등이 있는지와 학부모의 월 소득까지 시시콜콜하게 조사했습니다. 1980년대 중반에 교사가 된 나는 학교에서 하라는 대로 학부모의 직업과 학력 등을 별 문제의식 없이 파악해야 했습니다. 최근에는 개인정보의 엄격한 관리에 관한 사회적 요구가 높아지고 있습니다. 하지만, 어떤 학교에서 과도하게 학부모의 주민등록번호를 수집하거나,109 연수에 참여한 교사의 주민등록번호와 연수성적이 유출되어 책임 문제가 불거지기도 했습니다.110 어느 학교는 아파트 이름이 표기된 신입생의 반 배정표를 학교 홈페이지에 게시하는 개인정보의 부실한 관리로 인해 질타를 받았습니다.111 초등학교 2학년 담임교사가 학부모들과의 SNS 단체 대화방에 학생들의 일기를 공개하여 논란이 되기도 하였습니다.112 어느 고등학교에서는 강당에 중학교 전체 석차가 적힌 신입생 반편성 표를 게시하였다가, 한 학생이 신입생 단체 대화방에 사진을 찍어 올려, 이를 알고 모욕감을 느낀 학생과 학부모가 교육청에 신고하고 재편성과 전학까지 요구한 일이 있었습니다.113

이제는 이전부터 해 오던 대로 소홀히 개인정보를 다루면 안 되는 시대입니다. 개인정보가 담긴 문서를 출력해 사용한 후 파쇄하지 않는 등 뒤처리를 허술하게 해서 정보가 유출되는 일이 있어서는 안 됩니다. '이동식 저장장치$_{usb}$'를 분실하면 암호 설정을 하지 않은 문서 정보가 도용이나 오용되어 회복하기 어려운 큰 피해를 초래할 수 있으니 주의해야 합니다. 공문서 작성과 전파 때, 비공개로 보호해야 할 개인정보의 포함 여부를 꼭 확인해야 합니다. 개인정보 보호는 교사가 꼼꼼하게 챙겨야 할 중요한 의무입니다.

신규 교사를
맞이하면

새내기 교사로서 좌충우돌 어찌해야 할지 제대로 모르면서 얻어진 소중한 도전 경험이 후배 신규 교사에게 전해진다면 시행착오를 줄이며 어엿한 교사로 자리매김을 하는 데 도움이 되리라는 말에 공감할 것입니다. 교직 초기의 생활이 바르게 몸에 배어야 교단에서 보낼 오랜 여정을 제대로 걸어갈 수 있을 것입니다. 교직 초반 3년이 남은 교직 30년을 좌우할 수 있다고 생각합니다.

신규 교사나 새로 전입한 교사에게는 첫해에 제공되는 자원과 동료의 협력이 아주 중요합니다.[114] 영국의 교육학자인 구Gu와 데이Day는 지속적 헌신을 보인 교사의 63%가 결정적 요인으로 주변의 훌륭한 동료를 언급했지만, 진보교육자인 굿래드Goodlad는 교사들이 상호 지원하거나 협력하는 관계와 시스템은 미약하다고 하였습니다.[115] 교사 간에 필요나 흥미 영역을 중심으로 조언을 구할 멘토 관계가 신규 교사에게는 절실합니다.[116]

한 신규 교사는 교무실에서 처음 문서를 작성할 때, 꿈인지 생시인지 싶었다며 어렵게 합격한 흥분을 표현했습니다. 하지만 기쁨에 들떠 신나야 할 이런 마음은 어느 초등학교 교사의 독백처럼 고독감으로 바뀔 수 있습니다. "신규 때는 모든 게 막막했다. 학생이 하교한 교실이 그렇게 커 보일 수가 없었다. 일은 끝날 기미가 안 보이는데, 어느 순간 학교에 남은 건 늘 나뿐이었다. 천지 분간도 안 된 상태로 교실에 혼자 던져진 기분. 나는 지금도 불 꺼진 학교 복도가 세상에서 가장 싫다. 우주에 혼자 던져진 돌덩이 같은 기분을 느끼는 신규 교사가 없었으면 좋겠다."[117] 어느 중학교 신규 교사는 아래와 같이 소회를 밝혔습니다.

> 첫 발걸음을 내디딘 학교는 학생 때 다녔던 학교와는 아주 달랐다. 귀가 후에는 다음 날 출근을 기다렸던 것도 잠시, 한 달이 지나고 두 달이 또 지나니 행복한 교직 생활에도 크고 작은 먹구름이 드리웠다. 많은 것이 어렵게 느껴졌지만, 아무것도 모르는 나에게 다른 사람들이 거는 기대감으로 미숙함을 드러낼 수 없었고, 무엇이든 '눈치껏' 해야 하는 교무실에서는 누군가에게 쉽사리 도움을 청하지 못했다. 야심차게 맞은 첫 교직 생활은 예상보다 더 '맨 땅에 헤딩'을 하는 것 같았다.
> - 김한별. 「내일이 더 기대되는 학교」[118]

신규 교사는 이와 비슷한 어려움을 겪으며 일 년을 보내면 나름 어엿한 선배 교사로 조만간 후배 교사를 맞이할 것입니다. 신규를 갓 벗어나 후배를 맞이하면 바로 앞서 겪었기 때문에 모든 게 낯선 신규 교사의 처지를 누구보다 생생하게 이해할 수 있어 피부에 와 닿는 도움을 줄 수 있으리라 생각합니다. 미국의 한 학교는 새로운 교사가 들어오면 기존의 교사를 두 명 붙이고, 파일 서랍이나 컴퓨터 디스크 등 모든 것이 완전하게 준비되게 합니다.[119] 신규 교사 혼자 감당하게 내버려 두지 말고, 먼저 지나 온 선배 교사로서 자

신이 신규 때 정리한 교과지도, 학급운영, 부서 업무에 관한 자료와
경험을 나누면 좋겠습니다. 이처럼 신규 교사에게서 그다음 신규
교사에게로 이어지기를 바랍니다.

등굣길
교문에서

등

　새해 첫 등교일인 오늘, 영하 10도의 추위에서도 학생생활지원부 선생님들은 일찍 출근하여 교문에서 학생들을 맞이하였습니다. 무더위와 비바람, 강추위와 눈보라에도 불구하고 일 년 내내 한결같습니다. 간혹 등굣길 지도에 동참해 보면 매일같이 수고하는 동료의 고충을 조금은 이해할 수 있습니다.

　교문에 진입하는 동료 교직원들의 차량을 맞으며 반갑게 흔드는 손짓은 차창의 보호필름sunting에 시야가 가로막힙니다. 잠시 차창을 내리고 서로 눈빛을 보며 인사를 나누면 좋으련만 창문을 내리고 인사하는 차량은 아쉽게도 소수에 지나지 않습니다. 출근 시간에 쫓기는 바쁜 마음 때문인지 속도를 충분히 줄이지 않고 교문에 진입하는 차량을 볼 때는 학생들의 안전이 걱정됩니다.

　학생의 안전을 위해 차량 속도를 줄여 천천히 학교에 진입하고, 차창을 내려 인사를 나누는 습관이 몸에 배면 좋겠습니다. 출근하여 교무실에 들어설 때처럼, 승용차로 학교에 진입할 때도 차창을 내리고 밝고 활기차게 인사를 나누길 바랍니다. 걸어서 교문을 지날 때도 눈인사보다 밝게 인사하면 좋겠습니다.

지나치게 들릴지 모르겠으나 눈이나 비가 내린다 해도 한결같으면 좋겠습니다. 장시간 밖에서 눈과 비를 맞으며 학생들을 맞이하는 동료의 수고를 생각한다면, 눈빛을 보며 인사를 나누기 위해 잠깐 차창을 내리는 마음 씀씀이는 필요하다고 생각합니다. 기분 좋은 인사는 좋은 관계의 시작입니다. 인사는 곧 인품을 드러낸다 할 수 있습니다. 인사성 밝은 선생님이 되기를 바랍니다.

자기계발

미래를 살아갈 학생을 가르치는 교사는 세상의 변화에 민감해야 합니다. 교사는 늘 새로운 배움을 추구해야 합니다. 루스벨트Roosevelt 대통령은 "배움을 멈추는 순간 가르치는 사람으로서 가치도 끝난다. 자신이 배울 수 없을 때 다른 사람들도 그에게 더 이상 배울 수 없다."라며 가르치기 위해서는 끊임없이 배워야 한다고 했습니다.[120]

지적 호기심과 열정으로 배우려는 학생의 모습이 기특하게 보이는 것처럼, 학생에 앞서 삶을 살아가는 교사가 현실에 안주하지 않고 새로운 도전을 시도하는 모습은 소리 없는 가르침입니다. 교사는 가르치기에 앞서 부단히 배우려는 본보기가 되어야 할 것입니다. 사회학자인 벤저민 바버Benjamin Barber가 '배우려는 자와 배우지 않으려는 자'로 구분한 세상에서,[121] 교사는 '배우는 자' 가운데 첫째 자리라 생각합니다.

내가 중학교 1학년 때인 70년대 초, 우리나라가 반도체로 세계 강국이 되리라고 예견하신 선생님의 말씀이 기억납니다. 서번트 리더십servant leadership을 태동시킨 로버트 그린리프Robert Greenleaf는 선견先見

은 사람을 이끄는 데 없어서는 안 될 필수적 자질이라고 하였습니다.122 반복되는 하루하루도 매일 똑같지 않습니다. 정보혁명으로 일컬어지는 속도의 시대를 맞아 상상이 현실이 되는 새로운 세상이 펼쳐질 것입니다. 학생을 미래로 안내하는 교사가 학창 시절에 배운 지식에 머물며 매년 다른 새로운 학생을 맞아 반복해 가르친다면 생물生物을 화석化石에 가두는 것과 다르지 않을 것입니다. 수많은 학생을 만날 긴 여정의 첫발을 뗀 젊은 교사는 나날이 새로워지는 자기계발이 필요합니다.

자기계발을
위한 조언

지난 편지에 이어 자기계발에 관해 몇 마디 더하고자 합니다. 교사의 지식과 역량에 따라 학생의 배움에는 큰 차이가 날 수 있습니다. 교사의 지식은 저장하는 방법이 아닌 활용하는 방법이 중요합니다.[123] 실생활에 유용한 통신 수단이나 모바일 첨단기기 등의 앞서 수용하는 얼리어답터early adopter가 된 경험을 학생과의 소통에 활용하면 좋겠습니다.

외국어 공부를 매일 잠깐이라도 꾸준하게 하면 좋겠습니다. 해외 학교와 원격으로 하는 화상수업 교류가 증가하고 있습니다. 다문화 학생이 증가하고, 앞으로 해외의 학교와 교육과정을 공유해 운영하는 학교가 생길 수 있습니다. 해외 교민의 자녀를 위한 국제학교에 파견되는 교사가 늘고 있습니다. 해외 국제학교에 파견되는 국어·수학·과학·기술·공업 교과 등의 교사 선발이 매년 있습니다. 외국에서 학위과정을 밟는 교사도 많아지고 있습니다. 한국국제협력단 KOICA: Korea International Cooperation Agency 단원으로 해외에서 교육봉사를 하는 퇴직 교원도 늘고 있습니다. 링컨은 준비만 된다면 기회는 온다고 했습니다.[124] 자격을 갖추면 바라는 기회가 올 것이고, 일찍 갖추면 더 많은 기회가 있을 것입니다.

전공 교과의 내용 및 교수학습법과 관련하여 특화된 전문가가 되기를 바랍니다. 교과내용의 심화 및 적용, 교수학습방법 등 어느 것이든 괜찮습니다. 학문의 전공은 세부 전공으로 구분되고 세부 전공도 분야와 주제가 다양합니다. 혼자 모든 것을 다 하기보다 각자가 잘하는 것을 융합하는 시대입니다. 마인드맵mind map, 스마트교육, 융합교육, NIENews In Education 교육, 프로젝트 수업, 질문법, 글쓰기 지도 등에 특별한 전문성을 갖춰 전국적으로 활동하는 교사들이 많아지고 있습니다.

취미를 특기로 발전시키면 좋겠습니다. 악기, 실내 암벽등반, 골프, 스쿼시, 요리, 사진 촬영, UCCUser Created Contents 제작, 드론Drone 조종, 3D 프린팅 등 어느 것이든 좋습니다. 취미로 하는 사진 촬영을 수업에 적용할 수 있고, 학교에서 사진동아리를 만들어 사제동행으로 출사出寫와 전시회를 할 수 있을 것입니다. 동네에서 조기축구를 하던 교사가 방과 후에 축구동아리를 맡으면서 학생들이 더욱 잘 따라 즐겁게 학교생활을 하는 모습을 보았습니다. 연극부를 만들어 지도한 교사는 전문 연극배우 제자를 두기도 합니다. 이처럼 교사의 취미와 특기를 학생들의 동아리 활동으로 연계하면 더욱 보람을 찾을 수 있을 것입니다. 학교 밖 사회의 다양한 사람들과도 교류하며 자기계발의 외연을 넓히기 바랍니다. 학생들에게 더 넓은 세상을 만날 기회를 연결해 줄 것입니다.

수학자이자 철학자인 화이트헤드Whitehead는 "교양이란 사고력의 활동이며, 아름다운 인간적 감성human feeling에 민감한 감수성이다. 단편적인 지식은 교양과 아무런 관계가 없으며, 박식博識에 그치는 사람은 이 지상에서 가장 쓸모가 없는 인간이다."라고 말했습니다. 방법적 기능인에 머물러 진정한 삶의 가치와 방향을 잃어서는 안 됩니다. 교사의 삶이 교과서와 교실에만 머물러 단순히 사회의 생활인으로서 자기만족과 가치를 높이는 데 그치기보다, 정치와 경제, 문학과 예술, 역사와 철학에도 소양을 갖춰 사회의 부조리한 현상을 타개하는 데 기여하고 더불어 사는 인간다운 삶의 가치를 북돋는 지식인의 자기계발을 바랍니다.

책 읽는
교사

상식과 합리에 기초한 비판적 지성인은 과거를 돌아보고 현재를 직시하며 의식 있는 삶을 사는 깨어 있는 시민이라 할 것입니다. 학생이 지성인으로 성장하는 데 도움이 되어야 한다고 생각하는 교사는 독서를 생활화해서 자신의 생각을 늘 새롭게 자극해야 할 것입니다. 독서는 시공을 초월한 여행을 통해 미지의 세계를 간접적으로 경험할 수 있고, 미소微小하고 편협된 '앎'의 한계를 벗어나 다른 새로운 생각의 지평을 넓힐 수 있어, '가르치는 삶'을 풍요롭게 합니다.

> 교사는 한 평생 책과 사귀어야 합니다. 교과서의 기초 지식은 교사의 학문 지식이라는 큰 바닷속의 작은 물방울이어야 합니다. 10년 된 교사라면 인문사회학과 과학 등 지식이 풍부해져서 교과서는 초등 독본처럼 되어야 합니다. 이럴 때만 좋은 수업을 위해 한평생 수업 준비를 했다고 할 수 있습니다.
> - 수호믈린스키 교육사상연구회 편역.
> 『선생님들에게 드리는 100가지 제안』[125]

위의 인용처럼, 피츠버그Pittsburgh 대학의 골드스타인Goldstein 교수는 교과서는 보조 자료로 이용되는 가르침의 도구일 뿐 가르침 그 자체가 아니라고 했습니다.126 교과서는 유일한 복음서가 아닙니다. 교육과정 재구성은 교사에게 부여된 전문적 권한입니다. 교사는 교과서의 내용을 숙지하고 다양한 분야의 독서와 탐구를 통해 넓힌 지식을 바탕으로 재구성해 가르칠 수 있어야 합니다.

영국의 역사가이자 평론가인 칼라일Carlyle은 책을 인간 영혼의 가장 순수한 본질로서 정서의 경작지, 정신의 수목樹木에 비유하며, 책은 인간이 지상에서 이루고 만든 것 가운데 가장 중요하고 경이롭고 가치 있는 것을 담고 있다고 하였습니다.127 우리는 책을 통해 과거와 현인을 만날 수 있고, 동시대의 모습을 폭넓게 볼 수 있을 뿐 아니라 미래도 엿볼 수 있습니다.

SNS 교육
활동

코로나 바이러스COVID-19의 세계적 대유행은 학교의 학사운영에 큰 파장을 미치고 있습니다. 이전에 초·중등교육에서 없었던 온라인 등교와 수업 같은 비접촉uncontact의 뉴노멀new normal의 변화가 시작되고 있습니다. 처음 경험하는 사태에 맞닥뜨려 학교마다 화상회의, 학급관리 시스템 등 정보 기술IT: Information Technology을 활용해 온라인으로 수업을 하면서 효과적 교수·학습, 학습 진도와 출결 확인 방법을 고민하며 드러나는 문제점을 개선하고 있습니다.

교육열은 물론이고 교원의 전문성과 학생의 학업성취 등 세계적으로 높은 교육 수준을 내세우는 우리나라는 온라인 등교와 학습에 대한 초기의 사회적 우려를 떨치고 미흡하지만 비교적 무난한 출발을 보였습니다. IT 강국으로 축적된 기술과 교육 당국의 신속한 지원이 큰 힘이 되었고, 온라인 시스템을 실제로 수업에서 활용하는 교원과 학생의 역량과 학교를 믿고 기다린 학부모의 신뢰가 성공의 원동력이라고 할 것입니다.

그동안 도전적으로 에듀테크edutech를 수업에 적용하고, 이를 Social

Network Service에서 자발적으로 공유해 오던 교사들은 새로운 전환점에서 선도적인 역할을 하며 기여하고 있습니다. 집단지성을 발휘하는 그룹을 이루어 에듀테크의 사용 역량을 기른 교사들과 세계적인 IT 기업의 교육용 툴tool 활용 전문가인 교사들은 화상畫像 수업 방법, 교수 자료의 제작 노하우, 온라인 학급관리에 유용한 자료를 SNS를 통해 제공합니다.

학교 울타리 안에 머물러 정보가 닿기를 기다리지 말고, 온택트ontact 연결망 세상에서, 포럼이나 세미나 등의 오프라인 모임에서, 정보를 공유하는 교육 활동에 참여하기를 바랍니다. 더 나아가 세계의 교사들과도 교류하는 활동을 기대합니다.

교사의
자녀 교육

가정교육의 중요성을 강조한 '부모는 백 명의 교사보다 낫다'는 말이 있습니다.[128] 가르치느라 바쁘고 기운이 소진되어도 자녀에게 소홀하지 않도록 유념하기 바랍니다. 부모로서 교육자는 자녀 교육에서도 이웃에게 모범을 보여야 합니다. 대학에 갓 입학한 자녀를 둔 어느 교수는 다시 초등학생으로 되돌릴 수 있다면, 글씨를 반듯하게 쓰고, 읽은 책의 내용과 들은 이야기의 핵심을 잘 정리할 수 있고, 사회성이 풍부한 성품을 길러주는 가정교육을 하고 싶다고 하였습니다. 내가 만난 어느 노학자는 손주의 얘기를 하며, 많은 부모가 자녀가 어릴 때 영어교육에 관심을 두지만, 자신의 손주에게는 조선시대 아동 교육 교재인 '동몽선습童蒙先習'을 깨치게 했더니 기본적인 품성은 물론이고 문해력이 늘어 공부도 잘한다고 말했습니다.

태아기부터 8세 사이 아동의 초기 발달이 구체적으로 어떠했느냐가 이후 삶의 기회에 막대한 영향을 미친다는 연구 결과가 있습니다.[129] 부모가 해야 할 중요한 자녀 양육과 교육은 부부 어느 한쪽의 일로 여겨서는 안 되며 함께 해야 합니다. 부모는 서로의 역할을 다하여 자녀의 정서가 안정되고 바르게 성장할 가정환경을 만들어야 합니다. 쌍둥이라도 같지 않듯, 부모와 아이는 다른 존재라는 것을 명심하고, 자녀를 부모의 기대에 맞추어 뜻대로 하려는 욕심을 버려야 합니다. 아이들은 제 나름의 능력과 가능성을 갖고 태어납니다.[130]

가정에서 자녀는 부모를 통해서 배웁니다. 부부가 서로를 사랑하고 존대하는 모습은 자녀에게 자연스럽게 스며들어, 다른 사람을 사랑하고 존중하는 마음으로 대하게 합니다. 안정된 가정 분위기에서 부모의 사랑을 받으며 자란 자녀는 자존감이 높고, 세상을 긍정적으로 바라보며 행복하게 살아갈 것입니다.

부모는 자녀가 자신의 행동에 대해 내적 책임감을 지니게 해서 자발적으로 결정하고 행동하게 해야 합니다.[131] 혼내거나 지시적이거나 이것을 하면 이렇게 해 주겠다는 식의 당근책이 적을수록 내적 책임감을 기르는 데 효과적입니다. 자녀의 생활에서 나아지기를 바라는 게 있으면 인내심을 갖고 부드럽고 찬찬히 알아 듣게 설명하고, 실천이 비교적 쉬운 것부터 점진적으로 접근해서 자녀 스스로 계획한 시간을 절제하며 보낼 수 있는 자율적 생활 태도를 기르는 것이 중요합니다.

가족상담가인 놀테Nolte는 "아이는 격려를 받으며 자라면 자신감을, 관용 속에서 자라면 인내심을, 칭찬을 받으며 자라면 남을 인정하는 것을, 포용 속에서 자라면 사랑을, 허용적 분위기에서 자라면 자신을 사랑하는 법을, 공정한 분위기 속에서 자라면 정의를, 친절과 배려 속에서 자라면 남을 존중하는 법을, 안정감을 느끼며 자라면 자기 자신과 주변에 대한 믿음을, 친밀한 분위기에서 자라면 이 세상이 살기 좋은 곳이라는 것을 배운다."라고 하였습니다.[132] '존경받는 부모가 되는 것'이 '진짜 성공'이라는 《월스트리트 저널》의 설문조사 결과에 공감합니다.[133] 내 인생 최고의 스승은 부모라고 자랑스럽게 말하는 자녀의 부모가 되기를 소망합니다.

교직단체

전문직은 회원들로 이루어진 조직을 갖습니다.[134] 대한변호사협회, 대한의사협회, 한국공인회계사회 등 전문직은 강력한 단체를 결성합니다. 전문직 단체는 윤리강령 제정과 사회사업 등 전문직으로 본연의 책임을 다하면서 사회적 위상을 높이고, 회원의 전문성 신장과 권익을 보호·확대하는 노력을 적극적으로 합니다. 교직도 전문직 단체와 노동조합을 결단結團하여 사도헌장, 사도강령 또는 노동조합강령 및 실천강령을 제정·선포하고 교육환경 개선과 교원의 전문성 및 교권보호 등 권익신장을 위해 노력합니다.

교직단체, 의사협회, 변호사협회 같은 전문직 단체는 이익단체에 속합니다. 이익단체는 자신의 특정 이익이나 주장을 이루기 위해 국회, 정부, 지방자치단체 등에 압력을 가합니다. 전문성 신장을 위한 노력은 기본이고, 회원의 교육활동에 대한 부당한 외부의 영향력에 맞서 대변이나 대리하여 보호합니다. 이익단체가 추구하는 활동은 다수결의 원칙이 정의로 받아들여지는 현실의 세계에서 회원의 '결집'과 '참여'로 실현됩니다. 교직단체 가입은 단체의 성격과 활동 등의 면면을 살펴 선택할 필요가 있습니다.

전문직의 위상과 권익은 전문가 집단 공동의 노력으로 지켜야 합니다. 전문직 단체 가입은 선택이 아닌 의무라고 생각합니다. 대한의사협회 등 다른 유력 직종의 전문직 단체의 회원 가입은 거의 100%에 이릅니다. 이와 비교해서 교직단체의 회원 수는 날로 줄어들어 현재는 전문직 단체와 노동조합의 회원 수를 합해도 전체 교원의 절반에 미치지 못하는 실정입니다.

"오늘날에는 거꾸로 학생이 교사에게 횡포를 부리는 예가 더 흔하다. 뉴욕에는 교직원을 도와주려고 경찰이 불려 다니는 학교가 더러 있다."라는 말처럼,135 교권침해가 갈수록 심각해지고 있습니다. 사회의 어느 누가 먼저 나서 교권을 보호해 주길 기대하기 어렵습니다. 권익을 지키기 위해 단결하는 적극적 태도가 필요합니다. 권리 위에 잠자는 자는 보호받지 못한다는 법언法諺이 있습니다. 내가 아닌 다른 이가 대신 나서기를 바라는 무임승차 같은 기대를 떨쳐 버리고, 교육이 제 길을 바르게 갈 수 있는 교원의 권리를 위한 목소리를 함께 내야 합니다.

영미권 국가에서 의사협회나 변호사협회와 유사한 교사협회를 설립하여 신입 회원의 등록, 위법 행위에 대한 처벌, 교권의 신장,

교사 전문성 기준을 자율적으로 규제하려는 시도가 있습니다.[136] 교육학자인 맥러플린McLaughlin과 탈버트Talbert는 교사들이 협력적 실천 공동체를 만들어 필요한 자원을 공유하고 성찰의 시간을 갖는 것이 수업의 혁신과 지속에 핵심적 요소라고 했습니다.[137] 미국「교원노조개혁네트워크TURN: Teacher Union Reform Network」는 교직의 소명을 아이들의 일상적 행복에 두고 지속적인 평생학습을 통한 수준 높은 교육서비스를 제공하고자 합니다.[138] 이처럼 최근에는 교직단체가 전문성 향상에 초점을 두는 신조합주의New Unionism로의 패러다임 변화도 있습니다.[139]

교원능력개발평가

교사가 지식과 기술을 확장할 지속적 기회를 갖지 못한다면 학교는 성공하기 어렵습니다.[140] OECD는 교원이 지속해서 능력을 개발할 기제가 필요하다고 하였습니다. 우리나라의 모든 교원은 전문성 향상을 위해 「교원 등의 연수에 관한 규정」과 「교원능력개발평가 실시에 관한 훈령」을 근거로 매년 '교원능력개발평가'를 받습니다.

교원능력개발평가의 영역과 문항 구성은 교사인 경우에 학습지도와 생활지도 영역이고, 학급 담임에게는 학급 운영 영역이 추가됩니다. 교사는 평가가 이루어지기 전에 자신의 교육 활동 소개 자료를 평가 시스템에 탑재해야 합니다. 문항 유형은 5점 척도로 표시하는 체크리스트 문항과 자유서술식이 있습니다. 자기평가를 마치면 동료 교원의 평가, 학생 만족도와 학부모 만족도 평가가 이어집니다.

학교는 교육부와 교육청에서 제시한 평가문항 등 운영지침을 따라 계획을 수립하고 교원능력개발평가의 운영·관리를 위한 위원회를 구성합니다. 이 위원회는 교원과 학부모 등의 의견을 수렴하여 학교 실정에 맞게 문항을 재구성하고 평가 시기 등을 안내합니다. 교원능력개발평가는 소요되는 업무의 부담에 비해서 형식적으로 진행되어 실효성이 떨어진다는 무용론이 제기되기도 합니다. 하지만 학부모는 의견을 개진할 수 있는 유일한 통로라며 유지나 개선을 바라는 편입니다.141

'평가'는 목적에 맞게 평가할 전문성을 갖춘 전문가가 할 수 있는 고차원적인 영역입니다. 평가는 결과에 따라 전문성과 잠재력 개발이 실질적으로 가능하게 지원할 수 있어야 합니다.142 현재의 교원능력개발평가는 전문성 개발을 지원한다고 하지만, 자기평가와 동료교원평가, 학생 만족도와 학부모 만족도에 그쳐 소기의 목적을 달성할 수 있는가에 대한 의문이 따릅니다. 수업의 질을 높이려는 의도라면 학생의 배움에 변화가 있었는지, 학생이 어떤 능력을 길렀는가에 초점을 맞춰야 하는데 그렇지 못하다는 지적이 있습니다.143 평가 결과에 따라 의무적으로 직무연수를 이수하게 하는 등 부적격자를 솎아 내려는 속내가 있다는 의구심도 세간에 떠돕니다.

이런 의혹은 사실과 다르겠지만 일부라도 그런 숨은 의도가 있다면, 교직에 남아 있지 말아야 할 교사를 파악하기 위해 100%의 교사를 평가하는 초토화 정책은 답이 아니라는 교육개혁의 전문가인 풀란Fullan의 말을 당국當局에 전하고 싶습니다.144 전문적 능력개발은 교사가 학생의 학습과 연관한 실제적인 당면 문제 해결과 연결되어야 합니다. 전문적 능력개발은 자신감이 공격받는 활동을 거부하는 속성을 고려해서 판단의 두려움을 줄일 수 있게 동료의 협력과 지

지를 받는 자기주도적 모델로 구성되어야 합니다.[145]

교원능력개발평가의 현실적 한계에도 불구하고, 학년 초 평가 기준을 파악하여 교수학습 활동과 실질적으로 연결하면 좋겠습니다. 평가 기준을 수동적으로 수용하기보다 학교 실정을 고려해서 개선이 필요한 영역과 문항을 어떻게 발전시킬 수 있을지에 대해 동료들과 함께 토론하고 결과를 도출하는 시간을 가지면 좋겠습니다. 기대와 다른 평가 결과가 있다면 이유를 찾아 개선이 이루어지길 바랍니다.

유의할 점도 있습니다. 평가 결과의 자유서술식 문항을 확인할 때는 마음을 다잡고 준비해야 합니다. 학생의 원색적 표현에 교사가 정신적 충격을 받아 고통을 겪는 일이 있습니다. '옥에 티'라는 말처럼, 백 명이 좋은 얘기를 해도 함부로 얘기한 한 명의 말에 꽂혀 상처를 입습니다. 설사 못된 글귀가 있다 하더라도, 믿고 따르는 대다수 학생을 떠올려 마음의 상처를 덜기 바랍니다. 자유서술 문항 도입의 취지와 어긋나지만, 충격을 견디기 어렵다고 생각되면 아예 들추지 않는 것도 하나의 방법일 것입니다. 현행 교원능력개발평가의 폐지 또는 개선에 대한 목소리가 높지만, 어떤 현실 조건에서도 긍정적 효과를 얻기 위해 노력하는 교사가 되기를 바랍니다.

참고문헌

1 김용택(2013). 김용택의 교단일기. 문학동네. p. 295, p. 371.

2 이창신 옮김(2003). 훌륭한 교사는 이렇게 가르친다. 풀빛. p. 113.

3 교육문화연구회 옮김(2000). 프레이리 교사론. 아침이슬. p. 221.

4 양창렬 옮김(2008). 무지한 스승. 궁리. p. 13.

5 이창신 옮김(2003). 훌륭한 교사는 이렇게 가르친다. 풀빛. p. 200; 홍한별 옮김(2012). 가르친다는 것. 양철북. p. 39.

6 이광웅(1987). 내 무거운 책가방. 「보충수업 10년」. 실천문학의 시집 39. 실천문학사. p. 166.

7 김홍옥 옮김(2009). 가르침의 예술. 아침이슬. p. 61, p. 73.

8 한석훈(2012). 선생이란 무엇인가. 한언. p. 254.

9 이홍우(2014). 교육의 목적과 난점. 교육과학사. p. 117.

10 정명진 옮김(2016). 선생님이 꼭 알아야 할 심리학 지식. 부글북스. p. 49.

11 오영환 옮김(2004). 교육의 목적. 궁리. p. 55.

12 이정현(2018). 교사 베이직. 생명의 말씀사. p. 13.

13 고재천, 권동택, 김은주, 박상완, 박영만, 이정선, 정혜영 옮김(2009). 성공하는 교사의 첫걸음. 시그마프레스. p. 4.

14 김동훈(2018). 교사, 전문가로 살아야 행복합니다. 교육과학사. p. 12.

15 adrianimpalamata.tumblr.com/post/1410717387/edu-courses-cartoon

16 이창신 옮김(2003). 훌륭한 교사는 이렇게 가르친다. 풀빛. p. 19.

17 남미정(2016). 중등학교 교사들의 교단일기에 나타난 교직 탈전문화 현상 연구. 충남대학교 박사학위논문.

18 허주(2019). 교사전문성에 대한 재고. 한국교원교육연구, 31(1), pp. 1-18.

19 김명신 옮김(2011). 교사로 산다는 것. 양철북. p. 89.

20 노상미 옮김(2011). 가르친다는 것은. 이매진. p. 56.

21 박인균 옮김(2014). 당신이 최고의 교사입니다. 추수밭. p. 49.

22 김규태(2018). 교사 정체성 이론과 쟁점 및 과제. 한국교원교육연구, 35(3), pp. 491-521.

23 박은주(2018). 교사정체성에 관한 철학적 접근 : 존재론적 정체성의 시론적 탐색. 한국교원교육연구, 35(4), pp. 71-94.

24 김홍옥 옮김(2009). 가르침의 예술. 아침이슬. p. 73.

25 박동섭 옮김(2012). 교사를 춤추게 하라. 민들레. p. 137.

26 이찬승, 홍완기 옮김(2015). 학교교육 제4의 길②, 학교교육 변화의 글로벌 성공사례. 21세기교육연구소. p. 390.

27 박수정(2016). 교직과목의 현실과 지향에 대한 단상. 교원교육소식 81호. 한국교원교육학회.

28 박상완(2019). 교원양성체제 개편에 대한 이론적 근거. 한국교원교육학회 제75차 춘계 학술대회 자료집. pp. 1-45.

29 이종남 옮김(1993). 탁월한 교사론. 영문. p. 49.

30 김홍옥 옮김(2009). 가르침의 예술. 아침이슬. p. 87.

31 구정화, 박새롬 옮김(2013). 최고의 교사는 어떻게 가르치는가. 해냄. p. 12.

32 Payne, R. K.(2008). Nine Powerful Practices. *Educational Leadership*, *65*(7), pp. 48-52.

33 김명신 옮김(2008). 젊은 교사에게 보내는 편지. 문예출판사. p. 22.

34 EBS 학교의 고백 제작팀(2013). 학교의 고백. p. 119.

35 안준철(2012). 오늘 처음 교단을 밟는 당신에게. 문학동네. p. 174.

36 이창신 옮김(2012). 훌륭한 교사는 이렇게 가르친다. 풀빛. p. 51.

37 안준철(2012). 오늘 처음 교단을 밟는 당신에게. 문학동네. p. 195.

38 송형호 옮김(2014). 훌륭한 교사는 무엇이 다른가. 지식의 날개. pp. 199-200.

39 이창신 옮김(2003). 훌륭한 교사는 이렇게 가르친다. 풀빛. p. 168, pp. 173-174, p. 201.

40 정일화(2016). 알파스쿨. 양서원. pp. 102-103.

41 김현희(2017). 왜 학교에는 이상한 선생이 많은가?. 생각비행. p. 81.

42 김명신 옮김(2011). 교사로 산다는 것. 양철북. p. 39.

43 주삼환, 이석열, 신붕섭, 이규태 옮김(2019). 학교문화 리더십. 학지사. p. 117.

44 권오갑 옮김(2009). 내 아들아 너는 인생을 이렇게 살아라. 을유문화사. p. 24.

45 김용택(2013). 김용택의 교단일기. 문학동네. p. 114.

46 고형일, 강영신, 정광주 옮김(2014). 마음챙김 교수법으로 행복 가르치기. 학지사. p. 73.

47 정일화(2016). 알파스쿨. 양서원. pp. 144-146 수정.

48 교육문화연구회 옮김(2000). 프레이리 교사론. 아침이슬. p. 146.

49 리서치페이퍼(2018. 5. 29.). MIT 연구진, "인간은 타인을 관찰하고 배운다."

50 이미옥 옮김(2009). 학교를 칭찬하라. 궁리. p. 33.

51 송순재, 고병헌, 황덕명 엮음(2014). 영혼의 성장과 자유를 위한 교사. 내일을여는책. p. 7.

52 Du Bois, W. B.(1898). The study of the Negro problems. *The Annals of the American Academy of Political and Social Science*, pp. 1-23.

53 정일화(2016). 알파스쿨. 양서원. pp. 127-128 수정.

54 EBS 학교란 무엇인가 제작팀(2011). 학교란 무엇인가. 중앙 books. pp. 37-41.

55 이창신 옮김(2003). 훌륭한 교사는 이렇게 가르친다. 풀빛. p. 88.

56 차동엽(2005). 무지개 원리. 위즈앤비즈. p. 181.

57 이수영 옮김(2012). 교사가 알아야 할 학부모 마음 학부모가 알아야 할 교사 마음. 시대의창. p. 7.

58 EBS 학교의 고백 제작팀(2013). 학교의 고백. p. 129.

59 뉴시스(2019. 4. 30). 수사 불만 초등교사가 학생들에 "복수할거야" … 법원, 집행유예.

60 이지성(2007). 꿈꾸는 다락방. 국일미디어. p. 205.

61 김난주 옮김(2013). 창가의 토토. 프로메테우스출판사. p. 274.

62 김홍옥 옮김(2009). 가르침의 예술. 아침이슬. p. 53.

63 구정화, 박새롬 옮김(2013). 최고의 교사는 어떻게 가르치는가. 해냄. p. 241.

64 오근영 옮김(2004). 교사의 마음을 제대로 전하는 대화의 기술. 양철북. p. 16.

65 신홍민 옮김(2003). 교사와 학생 사이. 양철북. p. 85.

66 한국 순교 복자 수녀원 옮김(1995). 연옥 실화. 가톨릭출판사. p. 10.

67 정일화(2016). 알파스쿨. 양서원. pp. 161-162.

68 KBS(2003). 물에 관한 특이한 보고서, KBS 수요기획. 2003. 12. 18.

69 이해인(2017). 고운 마음 꽃이 되고 고운 말은 빛이 되고. 「나를 키우는 말」. 샘터. p. 4.

70 유정임(1994). 가장 좋은 교사란 아이들과 함께 웃는 교사고 가장 좋지 않은 교사는 아이들을 우습게 보는 교사다. 초등우리교육 통권54호. pp. 182-183.

71 권오갑 옮김(2009). 내 아들아 너는 인생을 이렇게 살아라. 을유문화사. p. 215.

72 주삼환, 이석열, 신봉섭, 김규태 옮김(2019). 학교문화 리더십. 학지사. pp. 148-150.

73 Weber, S. J., & Mitchell, C.(2002). *That's funny you don't look like a teacher!: Interrogating images, identity, and popular culture.* Routledge; Dunbar, N. E., & Segrin, C.(2012). *Clothing and teacher credibility: An application of expectancy violations theory.* ISRN Education.

74 김기오, 김경 옮김(2013). 좋은 교사 되기. 글로벌콘텐츠. p. 75, pp. 79-82.

75 박세준(2018). 교사 의복행동을 통한 초등학교 교직문화 연구. 한국교원교육연구, 35(3), pp. 397-431.

76 김기오, 김경 옮김(2013). 좋은 교사 되기. 글로벌콘텐츠. p. 75.

77 김현희(2017). 왜 학교에는 이상한 선생이 많은가?. 생각비행. p. 19; 이성우(2015). 교사가 교사에게. 우리교육. pp. 228-229.

78 주삼환, 정일화 옮김(2013). 교육윤리 리더십. 학지사.

79 세계일보(2018. 9. 30). 불붙은 두발 자유화 논쟁 … "자기결정권 인정해야" vs "학생다워야."

80 주삼환, 정일화 옮김(2012). 교육윤리 리더십. 학지사. pp. 284-285.

81 조정래(2016). 풀꽃도 꽃이다. 해냄. p. 59.

82 안준철(2012). 오늘 처음 교단을 밟을 당신에게. 문학동네. p. 27, p. 235.

83 이찬승·김은영 옮김(2015). 학교교육 제4의 길①, 학교교육 변화의 역사와 미래방향. 21세기교육연구소. p. 69.

84 JTBC(2016. 7. 29). 학교가 흡연학생 고발 … "방치보다 낫다" vs "지나쳐."

85 주삼환, 정일화 옮김(2012). 교육윤리 리더십. 학지사. p. 45, pp. 66-68.

86 이창신 옮김(2003). 훌륭한 교사는 이렇게 가르친다. 풀빛. p. 51, p. 171.

87 구창모(2004). 전문직 의사의 윤리와 교육. UUP. p. 21; 김재원(2007). 미국의 법학교육과 변호사 윤리. 정법. p. 106; 주삼환, 정일화 옮김(2011). 교육윤리 리더십. 학지사. p. 34.

88 김명신 옮김(2008). 젊은 교사에게 보내는 편지. 문예출판사. p. 14.

89 오영환 옮김(2004). 교육의 목적. 궁리. p. 59.

90 주삼환, 정일화 옮김(2012). 교육윤리 리더십. 학지사. pp. 142-147; 전자신문(2011. 6. 20). SNS 오용 실직 자초한다; 조선일보(2011. 5. 21). '여교사 봉춤 사진' 논란 … 학교 "퇴근 후 활동일 뿐."

91 Stewart, D. J.(2006). Teachers as exemplars: An Australian perspective. *Education and urban society, 38*(3), pp. 345-358; Van Nuland, S., & Poisson, M.(2009). *Teacher codes: Learning from experience.* UNESCO, International Institute for Educational Planning. pp. 15-16.

92 이창신 옮김(2003). 훌륭한 교사는 이렇게 가르친다. 풀빛. p. 207.

93 주삼환, 이석열, 정일화(2009). 미국의 최우수 학교, 블루리본 스쿨. 학지사. p. 9.

94 최효선 옮김(2013). 숨겨진 차원. 한길사. pp. 175-187.

95 이채(2014). 마음이 아름다우니 세상이 아름다워라. 행복에너지. p. 87.

96 이수영 옮김(2012). 교사가 알아야 할 학부모 마음 학부모가 알아야 할 교사 마음. 시대의창. p. 33, p. 52.

97 Coleman, P.(1998). *Parent, student and teacher collaboration: The power of three.* Sage Publications Ltd.

98 이찬승, 은수진 옮김(2017). 학교개혁은 왜 실패하는가. 21세기교육연구소. pp. 276-278, p. 300; Mortimore, P., Sammons, P., Stoll, L., & Ecob, R.(1988). *School matters.* University of California Press.

99 이찬승, 은수진 옮김(2017). 학교개혁은 왜 실패하는가. 21세기교육연구소. p. 274; Hargreaves, A.(2000). Professionals and Parents: Personal adversaries or public allies?. *Prospects, 30*(2), pp. 201-213.

100 이찬승(2012). 공교육의 위기 원인. 교육을 바꾸는 사람들. 2012. 9. 20; 이찬승(2016). 미국 ASCD, AERA 교육학회를 다녀와서(1). 교육을 바꾸는 사람들. 2016. 6. 1.

101 김명신 옮김(2008). 젊은 교사에게 보내는 편지. 문예출판사. p. 31.

102 이수영 옮김(2012). 교사가 알아야 할 학부모 마음 학부모가 알아야 할 교사 마음. 시대의창. p. 33.

103 이수영 옮김(2012). 교사가 알아야 할 학부모 마음 학부모가 알아야 할 교사 마음. 시대의창. p. 56.

104 양성숙(2007). 학교-가정 '소통'에 중점. 한국교육신문. 2007. 9. 17.

105 김승운(2009). 미국교사를 보면 미국교육이 보인다. 상상나무. p. 226.

106 김승운(2009). 미국교사를 보면 미국교육이 보인다. 상상나무. pp. 227-229.

107 이수영 옮김(2012). 교사가 알아야 할 학부모 마음 학부모가 알아야 할 교사 마음. 시대의창. p. 47, p. 58.

108 「국가공무원법」

109 뉴시스(2015. 3. 18). ** 109개 학교, 학부모 주민번호 수집 '말썽.'

110 한겨레(2006. 10. 19). ***교육청, 연수 교사 개인정보 유출 말썽.

111 동아일보(2019. 2. 19). 반 배정표에 아파트명 기재한 초등교.

112 MBN(2019. 4. 29). 단체방서 아이들 품평회 한 교사 … 학부모 "징계해달라."

113 JTBC(2019. 2. 26). 신입생 반편성 표에 중학교 성적이 … 단체대화방에도 올려.

114 주삼환, 유수정, 오형문, 이기명, 진재열 옮김(2011). 교원의 전문적 능력개발. 시그마프레스. p. 29.

115 이찬승, 은수진 옮김(2017). 학교개혁은 왜 실패하는가. 21세기교육연구소. p. 186, p. 190; Goodlad, J. I.(1984). *A place called school. Prospects for the future.* McGraw-Hill Book Company, 1221 Avenue of the Americas, New York, NY 10020; Day, C., & Gu, Q.(2010). *The new lives of teachers.* Routledge.

116 주삼환, 황인수 옮김(2015). 수업장학. 학지사. pp. 97-98.

117 facebook.com/sickalien

118 김한별(2018). 내일이 더 기대되는 학교. 교원교육소식 88호. 한국교원교육학회.

119 이찬승, 은수진 옮김(2017). 학교개혁은 왜 실패하는가. 21세기교육연구소. p. 203; McLaughlin, M. W., & Talbert, J. E.(2001). *Professional communities and the work of high school teaching.* University of Chicago Press.

120 최종욱 옮김(2005). 부드럽게 말하고 강력하게 행동하라. 비즈&북. p. 75, p. 89.

121 최인철 지음(2007). 프레임. 21세기북스. p. 9.

122 강준민 옮김(2003). 리더십의 법칙. p. 242.

123 김한별(2018). 내일이 더 기대되는 학교. 교원교육소식 88호. 한국교원교육학회.

124 강준민 옮김(2003). 리더십의 법칙. p. 281.

125 수호믈린스키 교육사상연구회 편역(2010). 선생님들에게 드리는 100가지 제안. 고인돌. pp. 23-24, p. 135.

126 EBS 최고의 교수 제작팀(2008). EBS 다큐멘터리 최고의 교수. 예담. p. 34.

127 https://www.goodreads.com/author/quotes/29951.Thomas_Carlyle

128 George Herbert(1593-1633)는 '아버지는 백 명의 교사보다 낫다'라고 했음.

129 이찬승, 은수진 옮김(2017). 학교개혁은 왜 실패하는가. 21세기교육연구소. pp. 288-289.

130 안미경(2005). 성격 이야기. 바오로 딸. p. 240.

131 이현우 옮김(2002). 설득의 심리학. 21세기북스. p. 159.

132 김선아 옮김(2016). 긍정육아. 중앙생활사. p. 20.

133 이유남(2017). 엄마 반성문. 덴스토리. pp. 56-57.

134 구영모(2004). 전문직 의사의 윤리와 교육. 울산대학교출판부. p. 10.

135 김홍옥 옮김(2009). 가르침의 예술. 아침이슬. p. 48.

136 이찬승, 김은영 옮김(2015). 학교교육 제4의 길①, 학교교육 변화의 역사와 미래방향. 21세기교육연구소. pp. 210-211.

137 이찬승, 은수진 옮김(2017). 학교개혁은 왜 실패하는가. 21세기교육연구소. pp. 203-205; McLaughlin, M. W., & Talbert, J. E.(2001). *Professional communities and the work of high school teaching*. University of Chicago Press.

138 이찬승, 김은영 옮김(2015). 학교교육 제4의 길①, 학교교육 변화의 역사와 미래방향. 21세기교육연구소. p. 211.

139 이찬승(2018). 누가 교육을 망치고 있는가?. 교육저널 116호. 교육을 바꾸는 사람들.

140 Darling-Hammond, L.(1997). *The Right To Learn: A Blueprint for Creating Schools That Work*. The Jossey-Bass Education Series. Jossey-Bass, Inc.; 주삼환, 유수정, 오형문, 이기명, 진재열 옮김(2011). 교원의 전문적 능력개발. 시그마프레스. p. 50.

141 에듀인뉴스(2020. 2. 12). 학부모 "교원평가 1년에 2회 합시다" … 사전 홍보와 설명 필요.

142 교육정보네트워크 정보 센터(2018). 싱가포르의 인구구조 변화 대응을 위한 교육정책 현황. 해외교육동향 342호.

143 이혜정(2017). 대한민국 시험. 다산지식하우스. p. 80.

144 이찬승, 은수진 옮김(2017). 학교개혁은 왜 실패하는가. 21세기교육연구소. p. 395.

145 주삼환, 유수정, 오형문, 이기명, 진재열 옮김(2011). 교원의 전문적 능력개발. 시그마프레스. pp. 85-86.

chapter 3

나를 닮아 가는 또 다른 나의 자화상
학생은 누구인가

나는 미래를 만난다. 나는 가르친다.
I touch the future. I teach all.

 - 크리스타 맥컬리프Christa McAuliffe

학생과의
줄다리기[1]

교사와 학생과의 관계는 때로는 서로 팽팽하게 힘을 겨루는 줄다리기 같습니다. '간을 본다'는 말이 있습니다. 첫 시간부터 엎드려 잠을 자거나 해찰하는 태도를 보이며 교사의 반응을 떠보는 학생이 있습니다.[2] 이런 학생은 교사가 엄격해 깐깐하게 다루면 조심하고, 순한 듯 보이면 함부로 행동하여 수업 분위기를 흐립니다.

학생의 비례非禮에 대처하려면 권위 있는 모습을 보여 주는 일이 무엇보다 중요합니다. 학생의 자발적 존경을 불러일으키는 영향력인 진정한 권위는 학생이 교사를 두렵게 여기는 강력한 지시, 통제에서 나오지 않습니다. 하지만 처음부터 지나치게 격의 없이 대하면 나중에 질서와 권위가 필요할 때 어려움을 겪을 수 있으니 주의해야 합니다.[3] 처음에 자칫 빈틈을 보인다면 험난한 한 해로 그치지 않고 교직 내내 달고 다닐 꼬리표가 될 수 있습니다. 그러나 온화함과 엄격함은 모순되는 것이 아니라는 점을 기억하기 바랍니다.[4]

첫 단추를 잘 꿰맞추더라도 학년이 끝날 때까지 긴장 관계를 유지하기란 쉽지 않습니다. 정성을 다하면 쇠와 돌에서도 꽃이 핀다至誠則金石爲開는 말처럼 정성을 다해 학생을 가르치지만, 변화되어 나아지는 모습은 보이지 않고 때로는 오히려 교사에게 상처를 주고 교사를 곤경에 빠뜨리기도 합니다. 일상의 팽팽한 줄다리기 끝에 교사는 버거운 줄을 놓아 버릴 만큼 힘들 수도 있습니다. 하지만 줄을 갑자기 놓아 버리면 학생은 내팽개쳐질 것입니다. 미국의 교육개혁가로 공립교육을 최초로 주장한 호레이스 만Horace Mann은 가르침은 오랜 시간과 인내와 보살핌이 필요하다고 하였습니다. 관심의 끈을 놓지 않는 교사의 마음이 무엇보다 중요합니다. 오늘도 내일도 팽팽한 줄다리기는 계속될 것입니다.

학생과의 관계는
어떤가요?

학생의 마음을 열지 못하면 어떤 가르침도 스며들지 않습니다.[5] 교육은 관계 속에서 이루어지는 상호작용입니다. 교사는 학생과의 관계와 학생의 수용 태도 등을 살펴 가르치는 방법을 달리해야 합니다. 특히 생활지도를 할 때는 학생과의 관계의 정도와 학생의 심적 개방 상태, 학년 및 개인별 성숙 등 여러모로 고려하면, 학생이 교사의 가르침을 수용하는 데 더 바람직한 영향을 미칠 수 있을 것입니다.

학생은 교사와 일상의 친밀한 관계에서 교사의 말투에 익숙해지면, 교사가 조금 투박하게 말을 해도 이해하고 별 거부감 없이 받아들이겠지만, 낯설거나 거리감이 있는 관계라면 다를 수 있습니다. 또한 보통 때는 교사의 지도를 잘 따르는 학생이라도 불편한 심신 상태라면, 평소와 다르게 어깃장을 놓을 수도 있습니다.

교사가 학생과의 관계와 학생이 처한 상황 등을 생각하지 않고, 바쁜 나머지 서둘러 드러난 결과만을 따져 지도하려 한다면, 좋게 이끌려는 교사의 본뜻과 다르게 일을 악화시킬 수 있습니다. 갓 입학한 학생과 졸업을 앞둔 학생, 한 마디도 나누지 않은 학생과 매일 만나는 학생, 거리에서 마주친 학생과 학교에서 마주한 학생을 지도할 때는 같은 일이라도 다른 접근이 필요합니다. 교사는 모든 학생을 공정하게 대하는 게 당연하지만, 이 같은 차이는 차별이 아니라 학생마다 상황에 맞는 개별화 지도 방법을 찾아야 하는 교육 전문가로서 해야 할 일일 것입니다.

학생과의
의사소통

학생의 문제 행동을 발견하고 상담하는 과정에서 간혹 절벽을 마주하고 얘기하는 듯한 답답함을 느낄 때가 있습니다. 어떤 학생은 잘못을 전혀 깨닫지 못하거나 때로는 따지며 대들듯 당돌하기까지 합니다. 시간과 정성을 들여 학생과 소통을 해 보려 하지만, 학생의 닫힌 마음이 열리지 않을 때는 이래저래 교사의 마음은 편치 않습니다. "아이들과 얘기를 하다 보면 눈앞이 캄캄해지거나 숨이 꽉 막힐 때가 있다. 교단을 밟은 지 꽤 오래되어 이제 놀랄 만한 일이 없겠다 싶어도 사정은 전혀 딴판이다."라는 어느 중견 교사의 말은 학생과의 소통이 어려운 심정을 잘 전해 주고 있습니다.[6]

상담과 소통의 과정에서 때로는 한마디가 분쟁의 빌미가 되어 새로운 갈등으로 번지기도 합니다. 이런 갈등을 차단하기 위해서는 헬렌 켈러Helen Keller를 훌륭하게 키운 설리반Anne Sullivan 선생님이 보인 인내의 모범을 따라서 참고 또 참아야 하지만 실제로는 참으로 어렵습니다. 호라티우스Horatius의 『송가Odes』에는 "도저히 고칠 수 없는 것일수록 인내를 가지고 인정해야 하고, 인내를 가지고 짐짓 인정하는 태도를 보인다면 나중에는 정말로 고쳐질 수 있다."라고 하였습니다.7 가르치는 일은 갈수록 어려워지고 있지만, 용서가 일상인 수도자의 마음이 요구되는 교단 현실에서 콩나물과 아이들은 밑 빠진 독에서 자란다는 말을 새기며, 인내는 교사가 갖추어야 할 중요한 자질임을 기억해야 할 것입니다.

학생에게 불통의 감정을 느끼는 것처럼 학생도 교사에게 높은 벽을 느낀다고 하소연합니다. 학생은 교사의 말을 무조건 따라야 한다는 식으로, 대화를 나누기 전에 이미 결론을 내린 듯 학생의 말을 딱 자르고 일방적으로 말해 주늑 들게 해서는 안 됩니다. 교사가 생각하기에 학생이 잘못된 생각을 말한다고 하여도 긴 호흡을 하며 듣는 여유가 필요합니다. 교사가 미처 모르는 부분이 있을 수 있고 다른 생각을 틀린 생각으로 여길 수도 있습니다. 피아노 건반이 똑같아 보여도 소리가 다르듯, 세상 사람들은 제각각 다른 생각을 하고 소리를 냅니다. 한 번 새겨진 생각은 좀처럼 바꾸기 어렵기에 평행선을 달리듯 다른 생각을 압박하면 충돌하여 더 멀어지기 마련입니다. 부모를 닮은 자식도 크면서 생각이 달라지고 부모 마음대로 할 수 없습니다. 교사와 학생의 관계도 마찬가지입니다.

학생과의 대화를 캐치볼catch ball에 비유합니다. 학생이 던진 공을 교사가 제대로 받으면 던진 학생은 기분이 좋고, 잘못 던진 공이나 빗나간 공이라도 떨어뜨리지 않고 똑바로 받아 주면 학생은 보다 좋은 공을 던지려고 노력한다는 표현입니다.8 의사소통은 열린 마음으로 상호 이해의 폭을 넓히는 과정입니다. 학생과 의사소통을 할 때 인내와 이해를 바탕으로 학생의 인격·의견·경험을 무시하지 않고, 제안은 하되 생각을 부정하거나 반박하지 않고, 마음 상태를 그대로 인정하고, 불안감과 분노를 누그러뜨려 안정감을 느끼게 하고, 자신감과 자존감을 길러 줄 수 있어야 합니다.[9]

상대의 생각을 먼저 인정해야 원만한 대화가 시작됩니다. 학생이 교사에게 마음의 문을 열지 않는다면, 교사가 알기 쉽게 말해도 귀담아들으려 하지 않을 것입니다. 교사가 말하기보다 들으려는 태도를 보인다면 학생의 마음의 문은 의외로 쉽게 열릴 수 있습니다. 딱딱하고 차가운 말은 상대의 마음을 더욱 얼어붙게 하고, 따뜻하고 부드럽고 친절한 말은 상대의 굳고 언 마음을 녹입니다. 눈에 보이는 행동을 지적하기에 앞서 아이의 감정을 읽고 공감할 수 있어야 합니다.[10] 교사는 학생과의 대화의 초점을 결과의 시시비비를 밝히는데 두지 않고, 학생의 생각과 행동의 원인을 이해하는 데 맞추려는 노력이 필요합니다. 경험주의적 측면에서 이런 이해를 돕는 사티어Virginia Satir의 의사소통 유형과 듀세이Dusay의 성격유형 검사 등을 활용하면 상담에 유용할 것입니다.

이 학생은 왜
이럴까?

아이가 걸음을 배울 때는 다반사로 넘어집니다. 혼자 일어선 뒤에야 걸음을 뗼 수 있게 됩니다. 그리고 결국에는 가파른 비탈도 뛰어오를 수 있습니다. 당장 해결하려는 조급함을 떨치고 한 걸음 물러서는 여유를 가질 필요가 있습니다. 나이가 같더라도 학생마다 성장의 차이가 있습니다. 어떤 학생은 교사의 가르침을 금방 알아듣고, 어떤 학생은 먼 길을 돌고 돌아야 비로소 교훈敎訓을 깨닫습니다.

학생의 그릇된 행동을 곧바로 잡아주려는 성급한 마음이 앞서면 보이는 대로 지적하게 됩니다. 수업을 시작하려 인사를 하는데 한 학생이 다리 하나를 삐딱하게 옆 의자에 얹어 놓고 있었습니다. 바로 앉으라고 지적하자 학생은 다리가 아파 올려놓았다고 말했습니다. 학생의 자세가 눈에 거슬려 먼저 이유를 알아볼 여유를 놓친 것입니다. 내가 이런 면에서 아직도 부족하다고 미안한 마음을 전하자 학생은 괜찮다며 이해해 줬습니다.

이 일이 있고 얼마 뒤, 복도에서 언뜻 보기에 실내화가 아닌 실외화를 신은 것 같은 학생을 마주했습니다. 지난 일에 비추어 조심스럽게 확인하니 실내화라고 했습니다. 성급히 단정하지 않은 게 다행이었습니다. 학교에서 착용이 허가되지 않은 모자를 쓴 학생을 교실이나 복도에서 마주할 수 있습니다. 탈모 등 질병 때문에 모자를 써야 하는 형편일 수 있고, 예능 활동 때문에 머리를 길러야 하는 사정이 있을 수 있습니다. 모발을 염색한 것처럼 보여도 타고난 자연색일 수 있어 대뜸 지적하기보다는 차분히 파악할 필요가 있습니다.

학교는 학생지도에 고려할 학생의 질환 등 필요한 정보를 교사 간에 공유합니다. 교사는 학생의 개인정보를 철저히 보호하고 건강을 보살피며 가르쳐야 합니다. 염두에 두어야 할 학생의 건강 상태에 관한 특이점을 깜빡 잊고 무심코 대하다 난감한 상황을 겪을 수 있습니다. 예기치 못한 다양한 사정이 있을 수 있으니 속단速斷보다는 상황을 헤아리는 여유를 갖고 학생을 대하길 바랍니다. 학생지도에 도움이 될 정보 공유 차원의 교사 간 협의 때 어떤 교사가 학생에 대해 부정적으로 한 얘기를 떠올려 예단豫斷하는 일도 있어서는 안 될 것입니다.

우리는 오감五感 등 감각기관에 미치는 물리적 힘의 영향에 의해 세상을 볼 뿐이고, 결코 세계를 있는 그대로 알 수 없는 불완전한 존재임을 알아야 합니다.[11] 어떤 사람에 대해 밝혀진 것이 그 사람을 완전히 드러내 보일 수 없습니다.[12] 누구에 대해서도 모든 것을 말해 주는 하나의 관점이란 있을 수 없습니다. '너 자신을 알라Know yourself'는 경구警句를 남긴 소크라테스는 "확실히 우리가 알 수 있는 일이 한 가지 있다. 그것은 곧 우리는 아무것도 모른다는 것이다."라고 말했습니다.[13] 늘 알아야 할 것이 더 있고, 알 수 없는 것에 대해 열린 마음을 가져야 학생들을 온전한 존재로 대할 수 있습니다.[14] 에디슨을 가르친 교사는 가르칠 수 없는 엉뚱한 아이라고 했지만, 엄마는 에디슨을 발명왕으로 성장하게 했습니다.

전인교육자 수호믈린스키Сухомлинский는 교육자는 학생의 마음을 깊이 알아야 해서, 새내기 교사는 (상담과) 심리학에 관한 지식을 심화해야 진정한 전문가가 될 수 있다고 했습니다.[15] 교사가 학생을 충분히 안다고 자신하기보다 학생을 완전히 이해할 수 없는 한계를 인식하고, 자신의 틀에 맞춰 학생의 생각과 행동의 옳고 그름을 성급하게 단정하여 재단裁斷하지 않게 유의하며, 학생을 있는 그대로 인정하고 내면을 바라보려 노력하는 교사가 되기를 바랍니다.

학생 상담

교사는 다양한 이유로 학생을 개별 또는 소집단별로 상담합니다. 학습, 성적, 진학과 진로뿐 아니라 교우관계, 일상생활의 고충 등 상담할 거리가 많습니다. 상담할 때 교사는 말하기보다 내담자인 학생의 말을 많이 들어야 합니다. 마음을 얻으려면 상대의 말에 귀를 기울여야 합니다.以聽得心.[16] 비가 올 때 우산을 씌워 주기보다 함께 비를 맞는 마음처럼,[17] 해결책을 찾기에 앞서 공감하는 마음이 중요합니다. 학생이 변화하고 성장하리라는 믿음으로 기꺼이 들어주고 격려하고 따뜻하게 대한다면 학생은 마음의 문을 열 것입니다.

상황이나 상담할 내용에 따라 차이가 있을 수 있지만, 학생과 대화할 때 선입견과 고정관념, 한 가지 기준으로 섣부르게 학생을 판단하려 해서는 안 됩니다. 좋은 교사는 학생을 이해할 뿐 아니라 그대로를 인정하고 존중합니다.[18] 교사가 생각하는 틀에 맞추려는 태도와 원하는 결론에 도달하게 이끌려는 시도는 삼가야 합니다. 학칙을 위반해 문제를 일으킨 학생을 상담할 때에도 잘못을 성찰하여 인정할 때까지 기다리는 여유가 어렵지만 필요합니다. 상처를 섣부르게 건들면 덧나고, 참고 손대지 않으면 때가 되어 아물 듯이 지켜보는 인내가 필요합니다.

상담 전에 상담 목적을 정확히 파악하여 준비해야 합니다. 학업, 진로, 진학 문제는 데이터 등 자료를 미리 확인해야 합니다. 학칙과 관련된 상담이라면 관련 규정을 먼저 숙지해야 합니다. 대화를 어떻게 시작할지를 생각해야 할 것입니다. 상담의 비밀을 유지하면서, 문제를 해결하는 데 도움이 될 동료나 전문가의 의견도 구할 필요가 있습니다.

학생이 좋아할 다과를 마련해서 분위기가 딱딱하거나 어색하지 않게 긴장을 풀 필요가 있습니다. 밀폐된 장소는 피하고, 주변을 의식하지 않고 편하게 얘기할 수 있는 공간 조성에 신경 써야 합니다. 미국에서는 교사가 학생과 일대일로 대화를 하게 되면 반드시 문을 개방해야 하고, 상담 기록을 남기고, 아동학대 같은 가정폭력을 발견했을 때는 관리자나 카운슬러counselor에게 서면으로 알려야 합니다.[19] 상담의 비밀은 반드시 보장되어야 하지만, 아동학대나 가정폭력 등 교사의 법률적 책무와 관련된 사안은 관련 규정을 따라야 합니다. 학생이 교사를 자신을 돕는 존재로 받아들이고 신뢰하는 일은 아주 중요합니다. 교사는 학생의 믿음을 손상하는 일이 없게 유의해야 합니다.

교사는 신뢰하고 도움이 될 교사의 역할과 상담의 목적을 명확하게 하고, 긍정적으로 대화를 시작해야 합니다. 문제 해결을 앞세우지 않고, 대화를 독점하지 않으며, 탓이나 판정하거나 비난하지 말고, 감정을 인정하고 순수한 느낌만을 서로 나누며 얘기해야 합니다.[20] 사람마다 생각이 다르듯 교사와 학생 또한 생각이 다르다는 것을 기억하기 바랍니다. 대화의 문을 열기 위해서 때로는 교사의 경험이나 심정을 솔직하게 드러낼 필요도 있지만, 다시 주워 담고 싶을 만큼 지나치지 않게 절제되어야 합니다. 상담은 짧은 대화를 통해 결론을 내리는 것이 아니라 학생이 길을 찾는 것을 돕는 게 바람직합니다.

진로나 진학 문제는 객관적 데이터와 자료를 제시하고, 다른 학생과 비교하거나 이게 좋다 저게 나쁘다는 교사의 생각을 주입하지 말고, 해당 학생이 처한 상황에서 해결의 실마리를 찾아야 합니다. 일탈 행동 같은 갈등 문제로 대면할 때는 먼저 불편한 감정을 충분히 가라앉히고, 대화 중에 다른 학생과 비교를 하거나, 무관한 과거의 일을 들추거나, 책망이나 지시하는 투의 말을 삼가야 합니다.

무엇을 말할까 정리하고 감정을 상하지 않게 잘 전달할 방법을 생각하면 좋겠습니다. 학생을 단정하여 평가하듯 비난조로 들릴 수 있는 '너는 왜 이런 식이냐?' 같은 'You-message'보다는 '나는 이렇게 생각하는데, 나는 이렇게 보는데 …'처럼 생각이나 감정을 부드럽게 전달하는 'I-message' 화법이 필요합니다. 학생 자체와 학생의 행동을 분리해서 문제의 원인은 '너'가 아닌 '네 행동'이라는 표현이 낫습니다. 본래의 너는 훌륭한데 이 행동만은 이렇게 보인다는 식으로, 할 수 있는 한 학생의 자존심을 상하지 않게 말하면 대화에 도움이 됩니다. '어떻게 도울 것인가'라는 관점으로 접근하는 게 필요합니다.[21] 상담의 핵심 내용을 명료하게 전하고, 이런저런 면에서 상담이 유익했다고 거론하며, 학생에 거는 기대를 긍정적으로 표현하고, 도움이 필요할 때 언제든 찾아와도 좋다고 얘기하고 마무리합니다.

상담을 마치면 정리한 기록 등이 유출되지 않게 개인정보의 보호와 비밀의 유지에 주의를 기울여야 합니다. 학생의 문제 해결을 위해 동료 교사, 학부모, 전문가의 협력이 필요한 부분을 확인하여 지원합니다. 상담 뒤에는 학생의 노력을 살펴 제때 격려하고, 기대에 미흡한 미숙한 행동이 보이더라도 교사 또한 한때 어린 학생이었다는 것을 기억하여 기다려 주길 바랍니다. 교사는 학생이 필요할 때 선뜻 찾아와 기댈 언덕, 위로받을 안식처로 한참의 세월이 흘러서도 고맙게 떠올릴 선생님이 되기를 기대합니다.

교편,
사랑의 매?

　미국은 타인에게 피해를 주는 학생의 문제 행동을 엄격히 다루어 교사는 수업 시간에 떠들거나 장난을 치는 학생을 교실에서 내보내고 생활지도 담당자가 데려가 바로 보호자에게 통보합니다.[22] 작금의 우리의 현실은 수업을 방해하는 학생을 복도로 내보내 자신의 행동을 돌아보게 하는 타임아웃 방법도 때로는 학습권을 침해한다며 갈등으로 불거지기도 합니다. 생활지도가 어려워지는 현실에서 '사랑의 매'는 필요하다는 의견이 있습니다. 교사의 사랑이 담긴 체벌일지라도 학생과 학부모는 다르게 받아들일 수 있다는 점에서 신중해야 합니다.

　가르치는 일을 가리켜 '회초리'의 뜻인 '편鞭'을 사용하여 '교편을 잡다'는 표현을 쓰던 시절이 있었습니다. 한 후배 교사는 체벌을 당연시하던 시절인 중학생 때, 선생님이 교실에 들어오자마자 수업을 하지 않고 이유도 알려 주지 않은 채 친구들이 보는 앞에서 수십 차례 뺨을 때린 황당한 일을 떠올리며 아물지 않는 마음의 상처를 털어놓은 적이 있습니다. 비슷하게 교사가 학생의 사타구니와

겨드랑이 살을 꼬집어 비틀거나, 학생 스스로 자신의 뺨을 때리게 하거나, 학생들을 마주 보게 하고 서로의 뺨을 때리게 하여도 당하는 학생이나 바라보는 학생들은 고통을 표현하지 못했습니다.

위에 언급된 일들은 지금의 기준에 비추면 법적으로 책임질 일일 것입니다. 오래전 서구의 학교에서 학생이 병원에 입원할 정도로 폭력적 체벌이 드물지 않은 때가 있었지만,[23] 오늘날 교사의 체벌은 교직에서 해고를 의미합니다.[24] 요즘 우리나라 학교에서는 수업 중 잠자는 학생을 깨우는 가벼운 신체 접촉도 민감하게 받아들여 문제가 되기도 합니다. 유럽 여러 나라는 학교 체벌은 물론이고 가정 내 체벌도 금지하고, 우리나라도 부모의 자녀 체벌을 금지하는 입법을 추진하고 있습니다.

우리나라 법원은 교사의 폭언을 아동의 정신 건강과 발달에 해를 끼치는 정서적 학대행위라고 판결하며, 직접적 체벌뿐만 아니라 언어폭력까지 엄격하게 제한하였습니다. 하지만 극히 일부 교사의 일탈이기는 하나 구태의연한 폭언과 체벌로 인한 사회적 비판이 안타깝게 반복되고 있습니다.

신체적 학대뿐만 아니라 정서적 학대 역시 아동의 성장 발달에 악영향을 미칩니다.[25] 아동기에 가족·학교·사회에서 받은 신체·정서적 폭력의 부정적 영향으로, 피해자가 성인이 되어 가해자가 되는 학대의 대물림이란 악순환으로 이어질 가능성이 큽니다.[26] 부모에게 학대받은 아이는 성장하면서 그 분노를 부모에게 해소하는 악순환으로 이어지는 경우가 많고,27 학교에서 부당하게 비인간적인 대우나 처벌을 받았다고 여겨 마음에 상처가 각인된 학생은 성인이 되어서도 교단에 대한 원망이 좀처럼 사그라들지 않는다고 합니다.

내가 초등학교 때 전학을 간 학급에서는 이문열의 소설 『우리들의 일그러진 영웅』이 연상되듯 반장이 친구에게 칠판의 분필 거치대에 손을 잡게 하고는 엉덩이를 청소 대걸레 자루로 때려 충격을 받았습니다. 교사가 이렇게 체벌하는 모습을 학생에게 보이지 않고 반장이 하게 허용과 묵인을 하지 않았다면, 있을 수 없는 일일 것입니다. 이처럼 부모와 교사의 부적절한 말과 행동이 자녀와 학생의 성장에 부정적 영향을 미친다면 불행한 일입니다.

만약 체벌이 법률적·사회적으로 일부 허용되는 상황을 전제해서 말한다면, 체벌하지 않고 지도할 수 있는 방법을 찾아보고, 체벌이 불가피하더라도 체벌의 적합성을 다시 확인하고, 학생이 잘못을 뉘우치고 다짐을 위해 체벌을 진심으로 수용하는 경우에, 보호자에게 상황을 설명하고 동의를 구해서 하는 마지막 방법이어야 합니다. 용인되는 불가피한 체벌을 하더라도 학생의 교우관계에 부정적인 영향을 미치거나 학생이 수치심을 느끼지 않게 유의하고, 체벌의 장소, 정도, 도구, 방식 등이 교육적·법적으로 적절하고 합당하게 이루어져야 할 것입니다.

타일러
깨우치기

'따끔하게 혼낸다'는 표현이 있습니다. 혼쭬이란 말은 우리말로 넋이나 얼을 뜻합니다. 예나 지금이나 '혼낸다'라는 말이 자주 사용되고 있지만, 정신을 쏙 뺄 정도로 다그친다는 뜻이 담긴 이 표현보다 올바른 길을 알아듣게 말해 준다는 뜻의 '타이르다'가 나을 것 같습니다. 학생의 잘못을 대뜸 벌주거나 혼내기보다 알아듣게 찬찬히 타이르기를 바랍니다.

학생의 무리한 변명일지라도 학생의 말에 먼저 귀를 열어야 합니다. 어떻게 이런 상황이 초래되었는가? 선생님과 왜 면담을 하는가? 이 상황을 해결하기 위해 무엇을 해야 할까? 이 문제를 해결하지 못하면 어떤 일이 벌어지게 될까? 이 상황을 벗어나면 앞으로 어떻게 행동을 할까? 등에 관해 학생이 생각할 수 있어야 합니다. 학생은 무엇이 잘못되었는지를 깨달아 교사의 합당한 지도를 기꺼이 받아들일 준비가 되어야 합니다. 학생 자신이 처한 상황을 바로 잡아 해결하기 위해 선생님이 어떻게 도와주면 좋을지를 생각하게 합니다. 속단하여 다그치지 않고 침착하게 여유 있는 분위기를 조성해서, 학생이 상황을 깨닫고 문제 해결을 위한 학생의 책임과 교사의 역할에 관해 대화를 이끌면 좋겠습니다.

수업전략처럼 훈육도 전략적으로 접근해야 합니다. 학생의 평소 생활에서 잘한 행동이나 장점을 먼저 꺼내어 칭찬하고, 평소답지 않은 이번 행동은 어찌 된 일인지 안타까운 마음을 전해야 합니다. 무엇이 문제인지를 알아듣게 명료하게 밝히고, 대화하여 해결책을 이끌고, 필요한 훈계訓戒를 하고, 긍정적 기대와 믿음으로 마무리하면 좋겠습니다. 어떤 지도방식이든 교사는 학생을 아끼고 사랑하고, 학생이 맞닥뜨린 문제 해결에 도움을 주는 고마운 존재라는 것을 학생이 느끼게 해야 합니다.

『탈무드Talmud』에는 "어린아이는 엄하게 가르쳐야 하지만, 아이가 무서워해서는 안 된다."라고 하였습니다. 과거에 교육적이라고 생각하여 행사한 권한이 지금은 후회할 일로 돌아보게 되는 것처럼, 훗날에 후회할지 모르는 지금 말과 행동을 살펴야 할 것입니다. 어떠한 교육적 지도이든 학생의 신체와 인격에 미칠 영향을 신중하게 살피길 바랍니다. 세상에서 가장 보람된 일 가운데 하나인 가르치는 일은 어린이의 마음에 기쁨과 아름다움, 신비감과 놀이의 즐거움을 경험하게 하는 일입니다.[28]

긍정적으로
인정하기

중학교 때 일진이었다는 소문이 돌던 한 학생이 고등학교에 입학해서는 선생님들의 관심과 인정을 받고 행동이 바뀌었습니다. 나이가 한 살 어린 동급생들과 지내며 학급 반장을 하였습니다. 전교학생회장이 되어서는 교육청 내 고등학교의 전체 회장이 되어 리더십을 발휘했습니다. 선생님들의 관심과 인정이 학생의 행동을 바꾼 것입니다.

마땅히 타일러야 할 일은 올바르게 타일러야 하겠지만, 교육은 잘못하거나 부족한 것에 초점을 맞추기보다 학생이 가진 장점과 가능성에 초점을 맞춰 성장을 이끄는 마중물이 되어야 합니다. '굼벵이도 구르는 재주가 있다', '굼벵이도 밟으면 꿈틀한다'는 말이 있습니다. 부족한 학생으로 보여도 교사가 나름 나은 점을 찾아 인정하면 더 잘 하려는 태도를 보일 것이고, 무시한다면 반감反感의 싹을 틔울수도 있습니다. 교사는 학생의 사소한 행동이라도 무심코 지나치지 말고, 학생이 제때 인정받을 기회를 매의 눈으로 포착해야 합니다. 교사가 학생이 잘한 일에 관심을 가지고 긍정적으로 반응하면 학생은 올바른 행동을 더 많이 하려 합니다.[29]

교사는 한 번으로 생각하고 학생을 혼내지만, 어떤 학생은 만나는 교사마다 야단을 맞으며 하루를 보낼 수 있습니다. 교사가 학생의 잘못된 행동을 마땅히 바로잡아 주어야 하나, 온종일 혼나면서 견뎌야 하는 학생의 모습은 안쓰럽다고 할 것입니다. 포기하여 외면하거나 볼 때마다 지적하는 대신에, 잘한 일에 주의를 기울이고, 결과가 신통치 않더라도 과정의 소소한 노력을 반복해서 인정할 필요가 있습니다. 뜻밖의 인정을 받은 학생은 처음에는 어리둥절할지 모르지만, 반복되면 점차 행동의 변화를 이끌 수 있을 것입니다. 학생에 대한 교사의 인정이 쌓일수록 학생의 행동은 더욱더 나아질 것입니다.

비교하지 말고
제대로 칭찬하기

공자는 제자를 충심으로 대한다면 깨우치고 가르쳐 주지 않을 수 없다고 했습니다. 학생을 진심으로 사랑한다면 바로잡아 주고 싶은 행동을 그냥 지나치지 말아야 합니다. 그런데 잘못을 바로잡아 주려다 오히려 학생과의 관계가 틀어지는 일을 접하게 됩니다. 불편한 표정을 짓거나, 지난 잘못을 끄집어내거나, 다른 학생과 비교하지 않도록 주의해야 합니다. 절도節度 있으나 부드럽고 차분한 태도로 학생의 자존감을 지켜 주며 문제를 풀어 가야 합니다.

우리 교육은 각자가 가지고 있는 것에 기준을 두고 끄집어내기보다 외부적인 것에서 시작하기 때문에, 자존감을 형성하는 데 방해가 되고 서로 다름을 두려워하게 된다는 지적이 있습니다.[30] 개인의 고유한 잠재력을 이끌지 못하고 타인과의 비교로 경쟁을 부추기는 일은 자존감을 위태롭게 만듭니다. 비교보다 칭찬에 힘을 쏟아야 합니다. 학생은 진심이 담긴 칭찬을 받으면 마음의 문을 엽니다.[31] 칭찬은 제대로 해야 합니다. 벤 비셸Ben Bissell 박사는 긍정적 효과를 발휘할 수 있는 칭찬의 다섯 원칙으로 진정한 것을Make sure the praise is authentic, 구체적으로Make sure the praise is specific, 바로바로Make *sure the praise is immediate*, 순수하게*Make sure the praise is untainted*, 개인적으로 칭찬하라*Make sure the praise is private*고 제시했습니다.32

기준 없이 칭찬의 만찬을 벌일 일이 아니라 작더라도 노력으로 여겨지는 것을 칭찬해야 합니다. 두루뭉술하게 하지 말고 구체적이고 명확하게 짚어서 해야 합니다. 풀기 쉬운 문제를 맞힌 칭찬을 받아 안주하게 만들기보다 격려와 조언을 받아 어려운 문제에 도전하게 해야 합니다. '똑똑하다, 머리가 좋다, 잘한다' 같은 칭찬은 결과에 대한 기대를 담고 있어서 칭찬을 듣는 마음을 불안하게 만듭니다.33 '끈기 있게 책을 다 읽었구나, 청소하는 친구를 도와주었구나, 이 방법을 어떻게 생각해 냈니?' 같이 노력과 발전을 이끄는 칭찬이 바람직합니다.

칭찬은 제때 하는 게 좋습니다. 제때를 놓친다면 효과가 떨어집니다. 쉽지는 않지만, 칭찬은 칭찬받을 일 자체에 한정하여 순수하게 해야 합니다. 의도가 드러나는 칭찬은 피해야 합니다. 교실에서 특정 학생만을 공개적으로 칭찬하면 예기치 않게 친구들의 질투를 부를 수 있습니다. 칭찬이 좋다고 무턱대고 하지 말고 상황, 시기와 장소, 정도 등을 고려해서 칭찬하기 바랍니다.

너그럽게,
때로는 엄격하게

학생은 교사의 관심, 인정, 칭찬으로 올바르게 성장합니다. 학생을 존중하는 교사의 마음과 친절한 태도는 학생의 마음을 순수하게 정화합니다. 그런데 교사 각자의 달란트가 달라 학생을 대하는 태도와 표현도 다릅니다. 학교에서 친절한 교사는 친절한 교사대로, 엄격한 교사는 엄격한 교사대로 각각의 소중한 역할이 있습니다. 다양한 생태계가 건강하듯, 여러 꽃이 어우러져 더욱 아름다움을 드러내듯이 다채로운 교육의 모습도 그렇습니다. 중요한 것은 어떤 표현이든 좋은 뜻이 상대의 마음에 닿아야 한다는 것입니다.

교사의 관심이 과도해서 학생이 부담을 느끼지 않아야 합니다. 학생이 교사의 친절을 가볍게 여기거나 당연하게 받아들이게 해서도 안 됩니다. 너무 많은 물과 지나친 일조량은 농작물을 망칠 수 있습니다. 때에 맞지 않게 물을 주어도 해가 될 수 있습니다. 지나친 칭찬, 관대, 인정은 역효과를 불러올 수 있습니다. 너그럽고 상냥하게 학생을 대하더라도 절제가 있어야 합니다. 다른 관계처럼 교사와 학생의 관계에도 지켜야 할 경계선이 있습니다.

학생이 부적절한 행동을 보일 때, 교사는 때로는 시시콜콜하게 즉각 반응하는 대신에 의도적으로 너그럽게 넘길 필요가 있습니다. 교사는 학생들의 에너지가 폭발점에 다다랐을 때, 맞서지 않고 제어해야 합니다.[34] 교육철학자 프레이리Freire가 말한, 속을 끓이지만 드러내지 않고 참는 '애타는 인내impatient patience',[35] 시인 티아고 데 멜로Tiago de Melo가 말한 '무장된 사랑armed love'[36]이 필요합니다. 속 끓는 사랑으로 때로는 엄격하게, 때로는 너그럽게, 보고도 못 본 척 참으며 때를 기다리는 교사는 달궈진 문제의 손잡이를 알맞게 식혀 솜씨 있게 다루는 전문가입니다.

화내거나
속박하지 않기

자녀는 부모가 마음대로 할 수 있는 존재가 아니듯 학생은 교사가 함부로 할 수 있는 대상이 아닙니다. 부모와 교사가 정한 틀에 아동을 맞추게 하는 것은 코끼리의 야생성을 없애려 틀 안에 가두어 길들이는 '파잔phajaan'과 다르지 않다고 할 수 있습니다. 물리적 폭력뿐만 아니라 정신적 억압 같은 강압적인 환경에서 성장한 아동은 수동적인 모습을 보이고 인격 형성에도 부정적인 영향을 받습니다.[37]

어느 날 점심시간에 복도를 지나다 교실에서 공을 가지고 노는 학생들을 보았습니다. 실내에서 공놀이를 금지하는 규정이 있어서 담임교사에게 공을 맡기겠다고 했더니 학생들은 갑자기 무릎을 꿇고는 무슨 벌을 받아도 좋으니 제발 담임에게는 알리지 말아 달라고 간청을 했습니다. 학생들에게 이유를 물어보지는 않았지만, 상식적이지 않아 보이는 행동의 원인이 무엇인지 느껴져 씁쓸했습니다.

학생은 교사를 어려운 존재로 느껴도 두려운 존재로 여겨서는 안됩니다. 좋은 권위는 받아들이고 나쁜 권위는 물리치는 법을 알려줘야 할 임무를 가진 교사는 당연히 학생에게 좋은 권위를 발휘해야 합니다.[38] 학생을 무섭게 다루어 무조건 따르게 하는 게 아니라, 감정을 가라앉혀 차분하게 타일러서 학생이 잘못을 깨닫고 만회할 수 있게 지도해야 합니다. 좋은 교사가 되자고 결심하고 화를 안 내려고 안간힘을 썼더니 화병火病이 생겼다는 이야기가 있습니다.[39] 화는 마음이 흐트러진 상태여서 화가 솟으면 감정이 흔들려 거칠게 말하게 됩니다. 불손한 태도를 보이는 학생을 대할 때라도 화를 다스리기 바랍니다.

대부분 교사는 상황에 맞춰 부드럽거나 엄격하게 학생을 지도합니다. 하지만 극히 일부 교사는 감정을 조절하지 못하고 수업을 방해한다며 홧김에 스테이플러를 던져 학생을 다치게 하거나,[40] 수업 시간에 욕설과 폭언을 해서 학생들이 정서적 학대를 호소한 일이 언론에 보도되었습니다.[41] 이런 과잉 분노와 강압은 부적절한 행동이 습관이 되었거나 치유되어야 할 과거의 상처가 원인일 수 있어 자기 결점의 성찰과 수양, 심리치료가 필요할 수 있습니다.[42]

교사의 성격이 학생들에게 부정적으로 영향을 미치지 않아야 합니다. 교사는 최소한 표면적으로나마 사회의 기대에 걸맞게 학생을 대하며 역할을 할 수 있어야 합니다. 교대와 사범대 입학 단계에서 지원자의 교직 적성을 선별할 수 있기를 바랍니다. 예비 교사 양성 과정에서는 인간관계와 소통에 관한 소양을 쌓고, 자유와 민주주의 담론을 믿고 실천하는 변혁적 지성인으로서 교사관敎師觀을 정립하면 좋겠습니다.[43] 이를 위해 교직과정에 교사론과 상담교육의 강화와 관련 역할극을 포함하면 도움이 되리라 생각합니다. 교사가 가르치는 수단과 방법이 학생을 포함한 모든 인간을 존중하고, 자아를 실현하고자 하는 교육의 목적과 부합하기를 바랍니다.

허용적 분위기

감정은 지각, 주의력, 기억, 학습, 추론 및 문제 해결과 관련한 인지 과정에 상당한 영향을 미치기 때문에, 학생의 정서와 감정 수준을 최적화하는 환경을 조성해야 합니다.[44] 늘 무미건조한 무덤덤한 표정이거나, 감정의 기복이 심하거나, 불같이 화내거나, 학생을 주물_{鑄物}하려는 듯 집요하게 규칙을 관철하려는 교육자의 태도는 학생의 정서와 감정에 부정적으로 작용합니다. 교육은 학생의 감정을 풍부하게 하고 삶을 풍요롭게 돕는 일입니다. 교사는 학생과 교감하며, 학생이 교사의 자애_{慈愛}, 인정_{人情}, 헌신_{獻身}을 느낄 수 있게 해야 합니다.

발표자를 제외한 전원이 합창하듯이 "칭찬!" "칭찬!"을 두 번 외치면서 박수를 쳤다. 칭찬하는 태도치고는 웃음기 하나 없는 기계적 동작이었다. 선생님이 고개를 까딱했다. 아이들은 의자를 끌어당기고 똑바로 앉아 앞을 응시했다. 손짓 하나에 일사불란하게 움직였다.

- EBS 선생님이 달라졌어요 제작팀.
『내 아이를 위한 최고의 수업』[45]

황량한 겨울 들판처럼 적막감이 돌거나, 지시하고 복종하는 병영兵營 같은 교실 분위기는 교육의 본연이 아닙니다. 교사의 자기 방어기제로 작용한 권위주의적 태도일 뿐입니다. 분필을 다루는 일은 총을 다루는 일과 다릅니다. 맡는 학급은 3월 한 달만 지나면 고시촌 분위기를 만들 수 있다며 자랑 삼는 얘기는 내세울 일이 아닙니다.[46] 프랑스의 교육학자 올리비에 프랑콤Olivier Francomme은 "교사는 금지시키는 사람이 아니라 가능하게 하는 사람이다."라고 말했습니다.[47]

엄격한 교육이 필요할 때도 있지만, 배움의 과정에 있는 학생에게는 부드럽고 관대한 교육이 어울립니다. 관대한 허용은 무분별한 수용을 의미하지 않습니다. 학생의 무례한 태도를 그냥 받아 주고 잘못을 무조건 감싼다는 뜻은 아닙니다. 교사는 학생과 포용적 상호작용을 하며 관계를 조율하고, 무질서를 제어하고, 필요한 규칙을 공정하고 일관되게 적용해야 합니다. 한편, 학생의 잘못을 너그럽게 용서하여 회복할 길을 찾게 도와주고, 실수한 학생이 난감하지 않게 감싸 주고, 학생의 엉뚱하거나 익살스러운 행동을 재치 있게 넘길 수 있어야 합니다.

교사가 의무적인 '지식의 전달자'로서 업무적 관계로만 학생을 대하려 한다면 학생과의 좋은 관계는 이루어지기 어려울 것입니다. EBS 교육방송은 학생과 좋은 관계를 맺으려고 노력하는 교사의 모습을 방영하였습니다. 습관적으로 체벌하는 지도 방식을 버리려 애쓰는 교사의 모습을 보고, 학생들이 교사의 변화를 도와주는 장면은 인상적이었습니다.[48] 교사의 약점을 학생에게 드러내는 것이 교사의 권위를 손상한다고 생각할 수 있으나, 어쩌면 진정한 권위는 자신의 부족함을 솔직하게 인정하는 데서 출발한다고 할 것입니다. 인간적 모습은 진솔한 인간관계를 맺어 줍니다.

허용적 분위기를 조성하고 친밀한 관계를 형성할 때 주의할 점이 있습니다. 어느 관계든 좋은 관계를 유지하기 위해서는 적당한 거리가 필요합니다. 교사는 자신의 솔직한 속내와 감정을 학생에게 드러낼 때 절제가 필요합니다. 친밀하고 다정한 말에도 교사로서의 권위가 배어야 합니다. 교사가 학생들과 가깝게 지내는 것과 친구처럼 지내는 것은 전혀 다릅니다. 교사는 학생의 친구가 되기보다는 귀감龜鑑이 되어야 합니다.[49]

학생의 환경을
파악하기

교사는 학생들과 좋은 관계에서 소통이 잘 이루어질 때 행복합니다. 나의 교사 초년생 때도 그러했습니다. 나의 대수롭지 않은 말에 학생들은 까르르 웃음을 터뜨리고, 나의 옷차림이나 머리 스타일에 관심을 두고, 나의 일거수일투족에서 학생들은 눈길을 떼지 않았습니다. 어느 날, 푸념하듯 자전거를 잃어버린 얘기를 했더니 며칠 뒤에 찾아오기까지 했습니다. 학생들이 내 자전거의 특징을 기억하고 있을 정도로 드러난 나의 일상은 학생들의 손바닥에 있는 듯 보였습니다.

학생들과 원활한 소통 때문인지 학생들은 수업 태도가 좋을 뿐 아니라 과제에 대한 약속도 잘 지켰습니다. 그런데 어느 월요일, 숙제를 하지 않은 학생이 유난히 많았습니다. 옛 서당에서 유래한 교편教鞭이라는 말처럼, 당시 흔히 지도하던 방식대로 손바닥을 한 대씩 때리다가 문득 무슨 이유가 있을 것 같은 생각이 들었습니다. 회초리를 거두고 이유를 물어도 대답을 안 하길래 대표로 반장에게 거듭 물었습니다. 때를 놓치면 안 되는 고추를 수확하는 철이라서 학생들은 주말 내내 일손이 부족한 부모를 돕느라 숙제할 시간이 없었던 것입니다. 나는 학생들이 처한 환경을 제대로 알지 못했습니다.

학생과 잘 소통하기 위해서 교사는 지역의 특색, 학생의 가정형편, 방과 후의 생활, 교우관계, 취미와 특기, 진로 등 살필 일이 많습니다. 가르침은 관심 안에서 이루어집니다.[50] 예를 들면, 교외 체험학습에 참여하지 않으려는 학생이 있다면, 경제적·신체적·정신적 문제인지, 교우관계의 문제인지, 이미 다녀와서 그런지 등 빠지는 이유를 파악해서 대안을 마련하는 적절한 조치를 할 수 있어야 합니다. 영화 *고독한 스승*Lean on me에서는 생활고를 덜어 학생이 학업을 이어 갈 수 있게 학부모의 취직까지 교장이 신경을 쓰는 장면이 있습니다. 교사는 겉으로 드러나지 않는 학생의 내면은 물론이고, 학교 안의 모습뿐 아니라 학교 밖도 살필 수 있어야 합니다.

학생의 행동 특성을
어떻게 기록할까?

학교생활기록부에 기록하는 내용과 방식은 사회의 요구에 따라 변합니다. 오래전에 학생의 행동발달상황을 근면성·책임감·협동성·자주성·준법성·지도성의 항목에 '가·나·다' 가운데 하나를 골라 표시한 적이 있었습니다. 뚜렷하게 분류를 하려고 하면 시야가 좁아지고 잘못된 곳을 보게 되며 의도가 어긋나게 된다는 말처럼,[51] 정해진 '가·나·다' 비율에 맞춰 곤혹스럽게 학생의 성행性行을 상대평가해야만 했습니다. 이 기록은 진학과 취업은 물론이고 심지어 혼사婚事에도 사용된다는 소문이 있어서 어쩔 수 없이 등급을 나눠야 하는 교사에게는 난감한 일이었습니다.

최근에는 학생의 생활과 특성을 긍정적 측면에서 관찰한 사실을 객관적으로 기재하고 있습니다. 사람은 열 번 바뀐다는 말처럼, 당장은 부족해 보이지만 성장하면서 긍정적 모습으로 변화합니다. "이 학생은 조금도 희망이 없습니다. 낙제생 운명을 면치 못할 것 같습니다."라는 부정적으로 단정하는 관점이 아닌,[52] 잠재력을 찾아 드러내면 좋겠습니다.

초등학교 1, 2학년 때 같은 선생님은 제가 순서를 지키지 않고 말하고, 종종 멍하니 있고, 주의력 결핍으로 여겨지는 습관이 있는 아이라는 코멘트로 성적표에 채웠습니다. 엄마마저 저를 별로 잘하지 못하는 아이로 생각하게 만들까 봐 두려웠습니다. 그러나 3학년 선생님은 제가 매우 똑똑하며 성적이 나빴던 것은 공부에 권태를 느꼈기 때문이므로 재도전하면 훌륭한 성과를 낼 것이라고 엄마에게 말씀하셨습니다. 선생님은 저를 평생 공부를 좋아하게 했을 뿐 아니라 꿈을 이룰 수 있는 사람이 되게 열정적으로 가르쳐 주셨습니다.

- 고재천 등 옮김. 『성공하는 교사의 첫걸음』[53]

이처럼 학생을 바라보는 교사의 시각에 따라 다르게 관찰될 수 있으나 어느 쪽이 바람직한지 알 수 있을 것입니다. 다른 예를 들어 보겠습니다. 한 학생을 두고 극단적으로 엇갈리는 고등학교 2학년 담임과 3학년 담임의 '행동 특성 및 종합의견'입니다.[54]

<3학년 기록 전부>
학업에만 열심히 함. 다른 학생에 대한 관심과 봉사는 전혀 기대할 수 없음. 의사소통에 문제가 큼. 자신의 생각을 조리 있게 설명하지 못하고 다른 사람의 말에 대한 의미 파악에 노력하지 않음. 본인의 장래 희망에 대해 굳은 의지가 없고 부모의 말에 좌우되는 의지박약의 모습을 보임.

<2학년 요약>
수업 태도가 좋으며 성적도 우수해 모든 교과 선생님으로부터 신망이 두텁고 부단히 노력하는 모습이 급우들의 귀감이 됨. 온순하고 원만한 성품으로 수행평가나 중간평가가 있는 날이면 실력이 부족한 친구들을 직접 챙길 정도다.

없는 일을 꾸미거나 과장해서 포장하면 안 되지만, 단점으로 생각되는 것을 장점으로 바라볼 수 있는 마음과 시선이 필요합니다. 생각에 따라 단점도 장점이 될 수 있습니다.[55] 활동적인 학생은 자신감과 에너지가 충만하고, 소심해 보이는 학생은 겸손하고 조심할 줄 아는 성격일 수 있습니다. 교사를 몹시 힘들게 하는 학생일지라도 학생에게는 평생 남는 중요한 기록인 만큼 신중해야 합니다.

제자가 찾아오면 기쁘지만, 힘들게 사는 제자의 모습을 보면 마음이 아픕니다. 20여 년 전의 일입니다. 졸업하고 일 년쯤 지나 제자가 졸업증명서와 생활기록부를 발급받으러 학교에 와서는 "학교 다닐 때 공부 좀 할 걸 그랬어요. 사회생활이 힘들어요."라며 후회하였습니다. 고등학교 3학년 담임교사인 나에게는 온순하였지만, 1, 2학년 때 다른 교사들에게는 힘자랑하듯이 대들고, 학교 밖에서 사고를 쳐서 보호관찰 처분을 받기도 한 제자의 처진 어깨가 지금도 잊히지 않습니다.

열 손가락 깨물어 아프지 않은 손가락이 없으나 부족한 자식이 가장 눈에 밟히는 부모의 마음처럼, 교사도 그런 것 같습니다. 교육제도나 학생의 생활을 기록하는 방식은 변화가 있을 수 있지만, 언제든 학생을 위해 하나라도 더 챙기며 충실하게 기록하는 교사의 마음이 학생에 대한 기록에 담기길 바랍니다.

밥상머리
교육

우리 반의 송 선생님과 친구들이 고등학교 3학년을 보내며 우스갯소리로 '다 함께 잘 먹고, 잘 살자'라고 말한 일이 기억나는지 모르겠습니다. 대부분 햄버거나 피자였던 단출한 음식 파티 기회를 다른 반보다는 더 많이 가진 듯합니다. 이런 때문인지 우리 반은 졸업하고 10년이 지난 지금에도 함께 모여 식사할 시간을 갖는 것 같습니다. 그리고 교직의 첫발을 내딛는 송 선생님과 함께 식사와 차를 하며 나아갈 교직 생활에 관해 이야기를 나눈 것이 이 편지의 시초가 된 것으로 보아, 사제師弟 간에 함께 하는 한 끼는 결코 단순하게 생각되지 않습니다.

오래전 점심 도시락을 가져와야 했던 때, 고등학교 3학년 담임을 맡아 한동안 일주일에 한 번 교실에서 학생들과 함께 점심을 먹은 적이 있습니다. 집에서 월요일마다 조금씩 여유 있게 준비한 김밥을 매주 몇 학생씩 차례로 돌아가며 맛을 보게 나누었습니다. 그리고 대학입시를 준비하는 학생들의 건강을 위해 영양 보충이 필요하다고 생각해서 교실에 작은 냉장고를 빌려 마련하고, 말린 멸치는 고추장에, 마른 김은 간장에 찍어 먹고, 상추쌈을 싸거나 밥을 비벼서 나눠 먹었습니다.[56] 날이 포근한 날에는 창문을 열고 학생들은 책걸상을 교실 뒤로 물리고 교실 바닥에 신문지를 깔고 소풍 나온 양 삼삼오오 앉아 맛있게 먹으며 점심시간을 즐겁게 보냈습니다.

학교에서 급식이 시작되고는 교실에서 학생들과 식사를 할 수 없었지만, 학생들을 몇 명씩 조를 나누어 돌아가며 식당에서 함께 점심을 먹은 적이 있습니다. 식사를 마치고 장소를 옮겨 달콤한 코코아를 탄 학생들과 함께 마시며 정겹게 이런저런 이야기를 나눈 일이 신문에 보도되기도 했습니다. 때때로 학교 밖에서 학생들이 좋아하는 자장면이나 떡볶이를 먹으며 담소談笑를 나누었습니다. 운동장이나 야외에서 학생들과 삼겹살을 구워 먹을 기회는 드물었으나 조별마다 돌 때 학생들이 다투어 입에 넣어 주는 고기쌈은 정말 맛있었습니다.

교실을 벗어난 개방된 분위기는 교실에서는 꺼낼 수 없는 학생들의 생각을 알 수 있어서 학생의 속마음을 이해하는 데 도움이 됩니다. 학교 안도 좋지만, 학교 밖에서 기분 좋게 함께 식사하면 평소보다 마음을 열게 되어 친밀한 관계는 더욱 돈독해지고, 서먹한 관계라도 조금은 더 가까워질 수 있습니다. 선생님과 함께 하는 한 끼 식사나 달달한 차 한 잔은 학생들에게 잊지 못할 아름다운 추억이 될 수 있습니다. 학생들과 함께 식사할 시간을 내기는 쉽지 않으나, 학생을 챙기는 선생님의 따뜻한 마음을 전할 수 있어서 교육적 의미가 큽니다. 송 선생님이 생각하는 학생들과의 밥상머리 대화의 그림을 그려 가길 기대합니다.

참고문헌

1 정일화(2016). 알파스쿨. 양서원. pp. 134-135 수정.

2 이진만(2019). 달걀로 바위를 치다. 경남. pp. 127-128.

3 이창신 옮김(2003). 훌륭한 교사는 이렇게 가르친다. 풀빛. p. 90.

4 구정화, 박새롬 옮김(2013). 최고의 교사는 어떻게 가르치는가. 해냄. p. 245.

5 EBS 선생님이 달라졌어요 제작팀(2012). 내 아이를 위한 최고의 수업. 북하우스. p. 135.

6 안준철(2012). 오늘 처음 교단을 밟는 당신에게. 문학동네. p. 16.

7 이창신 옮김(2003). 훌륭한 교사는 이렇게 가르친다. 풀빛. p. 153.

8 손우정 옮김(2013). 수업이 바뀌면 학교가 바뀐다. 에듀니티. p. 59.

9 신홍민 옮김(2003). 교사와 학생 사이. 양철북. p. 104, p. 132.

10 최성애, 조벽(2012). 청소년 감정코칭. 해냄. p. 156.

11 Kilpatrick, F. P.(1961). *Explorations in transactional psychology*.

12 Carini, P. F.(1979). *The art of seeing and the visibility of the person*. Grand Forks: University of North Dakota Press.

13 한국 순교 복자 수녀원 옮김(1995). 연옥 실화. 가톨릭출판사. p. 11.

14 홍한별 옮김(2012). 가르친다는 것. 양철북. p. 103.

15 수호믈린스키 교육사상연구회 옮김(2010). 선생님들에게 드리는 100가지 제안. 고인돌. p. 136.

16 조신영, 박현찬(2007). 경청. 위즈덤하우스. p. 242.

17 신영복(2016). 처음처럼. 돌베개. p. 132, p. 162.

18 Neill, A. S.(1944). *The problem teacher*. International University Press.

19 김승운(2009). 미국교사를 보면 미국교육이 보인다. 상상나무. p. 242.

20 김영신 옮김(2003). 대화의 심리학. 21세기 북스. pp. 153-156.

21 우리교육 엮음(2014). 교실 속 갈등상황 100문 101답. 우리교육. p. 18.

22 김승운(2009). 미국교사를 보면 미국교육이 보인다. 상상나무. p. 38.

23 김명신 옮김(2008). 젊은 교사에게 보내는 편지. 문예출판사. p. 19.

24 김승운(2009). 미국교사를 보면 미국교육이 보인다. 상상나무. p. 33.

25 YTN(2016. 1. 28). 정서적 학대도 자녀 뇌 발달에 악영향.

26 류정희, 이주연, 정익중, 송아영, 이미진(2017). 생애주기별 학대경험의 상호관계성 연구. 연구보고서. 보건사회연구원.

27 경상일보(2018. 9. 27). **, 작년 동거친족 대상 범죄 증가율 최고.

28 김명신 옮김(2008). 젊은 교사에게 보내는 편지. 문예출판사. p. 11.

29 조천제 옮김(2003). 칭찬은 고래도 춤추게 한다. 21세기북스. pp. 79-81.

30 박웅현(2013). 여덟 단어. 북하우스. pp. 20-21.

31 조신영, 박현찬(2007). 경청. 위즈덤하우스. p. 106.

32 Bissell, B.(1992). *The Paradoxical leader*. Paper presented at the Missouri Leadership Academy,

Columbia, MO.; 송형호 옮김(2014). 훌륭한 교사는 무엇이 다른가. 지식의 날개. p. 80.

33 EBS(2010). 칭찬의 역효과. EBS 다큐 프라임, 2010. 11. 23.

34 김홍옥 옮김(2009). 가르침의 예술. 아침이슬. pp. 90-91.

35 이성우(2015). 교사가 교사에게. 우리교육. p. 95.

36 교육문화연구회 옮김(2000). 프레이리 교사론. 아침이슬. p. 141.

37 곽영호(2015). 아동학대가 피해아동에게 미치는 영향 및 후유증 연구. 연구보고서. 법무부; 김 자영(2014). 아동의 정서학대 경험 수준이 학교생활적응에 미치는 영향: 자아존중감의 조절효 과 검증. 보건사회연구, 34(3), pp. 286-316.

38 김홍옥 옮김(2009). 가르침의 예술. 아침이슬. pp. 87-88.

39 김현수(2013). 교사 상처. 에듀니티. p. 29.

40 중앙일보(2019. 5. 22). "수업 왜 방해해" 초등생에 스테이플러 던진 50대 교사.

41 KBS(2018. 7. 14). "교사가 학생들에게 욕설·폭언" … 경찰, 경위 파악 나서; 노컷뉴스(2019. 9. 14.). 수업시간 욕설 폭언 교사 미온 대처 논란.

42 윤홍균(2016). 자존감 수업. 심플라이프. p. 150.

43 이경숙 옮김(2001). 교사는 지성인이다. 아침이슬. p. 291.

44 Tyng, C. M., Amin, H. U., Saad, M. N., & Malik, A. S.(2017). The influences of emotion on learning and memory. *Frontiers in psychology*, 8, 1454.

45 EBS 선생님이 달라졌어요 제작팀(2012). 내 아이를 위한 최고의 수업. 북하우스. p. 35.

46 이성우(2015). 교사가 교사에게. 우리교육. p. 55.

47 김현수(2013). 교사 상처. 에듀니티. p. 26.

48 EBS(2011). 믿음 속에서 아이들은 스스로 배운다. EBS 다큐 프라임, 선생님이 달라졌어요 6부.

49 김기오, 김경 옮김(2013). 좋은 교사 되기. 글로벌콘텐츠. p. 18.

50 Noddings, N.(1986). Fidelity in teaching, teacher education, and research for teaching. *Havard Educational Review*, 56(4). pp. 496-511; 홍한별 옮김(2012). 가르친다는 것. 양철북. p. 63.

51 홍한별 옮김(2012). 가르친다는 것. 양철북. p. 73.

52 수호믈린스키 교육사상연구회 옮김(2010). 선생님들에게 드리는 100가지 제안. 고인돌. p. 524.

53 고재천, 권동택, 김은주, 박상완, 박영만, 이정선, 정혜영 옮김(2009). 성공하는 교사의 첫걸음. 시그마프레스. pp. 4-5.

54 SBS(2015. 8. 25). 평가인가, 악플인가 … 고3 담임이 쓴 기록부.

55 EBS(2015). 공부하는 아이, 4부 지능이 아니라 마음이다. EBS 다큐프라임.

56 정일화(2016). 알파스쿨. 양서원. pp. 110-112.

chapter 4

학생의 미래를 위한 교사의 끝없는 노력
수업이란 무엇인가

아무것도 모르는 사람은 없고, 모든 것을 아는 사람도 없다.
Nobody is completely ignorant. Nobody knows everything.

— 파울루 프레이리Paulo Freire

수업성찰

> 열심히 설명했는데 학생이 이해 못하면 속상하고 때로는 화가
> 납니다. 그런데 나중에 보면 학생 잘못이 아니었습니다. 좀 더 공부
> 했다면 쉽게 설명했을 텐데 제 공부가 부족한 게 원인이었습니다.
> - 김권섭 지음, 『종례 시간』[1]

교사는 학생의 배움에 어떤 변화를 보이는지 관심을 갖고 수업을
돌아봐야 합니다. 자신이 한 수업을 녹화하여 보거나 동료 교사 간
또는 수업관찰전문가와 함께 수업에 관한 대화를 나누는 시간을 가
질 수 있습니다. 바쁜 생활에 쫓기다 보면, 처음 세웠던 수업전문가
로서의 성장 계획이 자칫 어긋날 수 있습니다. 동료와의 수업성찰
나눔은 수업전문가로서 지속해서 성장할 수 있는 안전장치라고 할
수 있습니다. 최근 학교에서는 수업비평, 학생의 눈으로 수업 보기,
배움의 공동체, 좋은 교사의 수업 친구 만들기 등 교사들이 공동체
를 이루어 수업을 성찰하는 움직임이 활기를 띠고 있습니다.

학생의 성취를 위한 전문성 개발에 동료 코칭peer coaching을 강조한
조이스Joyce와 쇼우어스Showers는 코치는 관찰자가 아닌 교사이며, 관
찰자는 수업하는 교사에게서 배운다고 하였습니다.[2] 피드백을 위해

관찰하는 것이 아니라 관찰을 받는 교사로부터 학습하며, 자신의 실제에 대하여 반성하게 됩니다.3 교사들이 서로의 수업을 공개하고 함께 성찰하는 것은 교사 간 '교학상장敎學相長'입니다. 평생 수업 지도안을 쓴다고 하여도 훌륭한 스승이 되기 어렵지만 3년 동안 수업성찰을 쓰면 훌륭한 스승이 될 수 있습니다.4

  질적 접근의 수업 바라보기와 더불어 관찰 준거가 제시된 수업관찰도구를 이용해서 과학적으로 분석하고 환류하는 수업성찰이 필요합니다.5 야구 선수는 자신의 타격이나 투구 모습을 비디오로 찍어 코치와 함께 관찰, 분석하듯 객관적 눈으로 돌아볼 필요가 있습니다. 예술적 속성을 지닌 수업에 과학이 더해지는 전환점에서 연구로 확인된 효과적인 수업의 관점에서 살펴야 할 것입니다.6 과학적 수업분석은 수업전문성을 개선하는 데 중요합니다. 피터 드러커Peter Drucker는 측정할 수 없으면, 개선할 수 없다고 했습니다.

  '얇은 조각thin-slicing'은 미세한 경험의 창을 기반으로 행동 패턴을 찾는 기능이고,7 '미세한 행동의 차이thin slices of behavior'는 교수 효과를 측정하는 좋은 가늠자가 될 수 있습니다.8 미세한 차이가 있는 행동은 쉽게 기술될 수는 없지만 관찰하거나 분석할 수 있고,9 관찰하여 합의된 정확한 판단을 예측할 수 있습니다.10 세계 여러나라에서 사용되는 ICALTInternational Comparative Analysis of Learning and Teaching, ISTOFInternational System for Teacher and Feedback, CLASSCLass Assessment Scoring System 같은 과학적으로 검증된 수업관찰도구는 수업을 성찰하는 데 유용할 것입니다.11

교직 첫날부터 교육일기를 쓴 전인교육자인 수호믈린스키Сухомлинск
ий는 관찰하고 기록한 정황을 깊이 생각하는 것은 교사의 활동에
큰 도움이 된다고 말하며, 경륜經綸이 있는 동료의 경험에서 배우고
관찰하기를 권고했습니다.[12] 올바른 방향으로 가고 있는지 옳게 하
고 있는지를 살피기 위해서, 연구에서 배우고, 선배 교사가 경험한
이야기를 귀담고, 동료에게 조언을 구하며, 수시로 자신의 수업을
돌아보는 성찰이 필요합니다.

덜 가르치고
더 배우기

신규 교사는 의욕이 넘쳐 학생에게 모든 것을 다 알려 주고 싶은 마음이 가득할 것입니다. 하지만 학생이 활동할 여백을 남겨야 합니다. 선생님은 가진 보따리에 무엇이 들어 있는지 학생의 관심을 부르게 이야기를 풀며, 학생의 얘기를 더 많이 끌어내는 방식으로 교사의 역할을 줄이고 학생의 역할은 늘려, 교사가 덜 가르치고도 학생 스스로 더 많이 배울 수 있는 길을 찾게 하면 좋겠습니다. 농구를 하다 뉴턴의 제1법칙이 적용되는 것을 깨치는 것처럼,[13] 교사가 시시콜콜 많이 알려 주기보다 핵심을 골라 가르치고, 학생들이 알게 된 원리가 생활에서 적용되는 예를 찾게 하면 학생들의 참여가 늘어날 것입니다.

어릴 때부터 일일이 챙겨 주는 어른의 보호에 익숙한 학생은 스스로 하는 일에 서툽니다. 우리와 영국의 양육養育을 비교한 EBS 교육방송에서, 영국의 엄마는 아이가 서툴더라도 아이 자신이 방을 정리하고, 양말을 신고, 옷을 골라 입고, 이를 닦고, 밥을 먹고 유치원에 가게 하였습니다. 우리나라의 엄마는 아이의 이를 닦아 주고, 따라다니며 밥을 떠먹이고, 양말을 신겨 주고, 옷을 골라 입히고,

방 청소를 대신하는 등 개입이 많았습니다.[14]

> 식물학자 월리스Alfred Russell Wallace는 고치에서 빠져나오려고 애쓰
> 는 황제나비의 고통스러운 '투쟁'을 지켜보며 '이 나비를 도우면
> 어떨까?'라는 순간 생각에 칼로 고치의 옆 부분을 살짝 그었더니
> 빠져나온 나비는 날개를 펴더니 곧 축 늘어져 죽는 예상 밖의 결
> 과가 빚어졌다. 고통과 험난한 투쟁을 겪지 않았기 때문에 살아서
> 나는 데 필요한 힘을 지니고 세상에 나오지 못한 것이다.
> - 이기문 옮김. 『행복한 삶을 사는 10가지 작은 원칙』[15]

황제나비는 자기 힘으로 고치를 빠져나오면 태양을 나침반 삼아
수천 km를 날 수 있는 능력이 있지만, 외력外力의 개입으로 생존력을
상실했습니다. 어린이 사생대회에서 입상 욕심 때문인지 부모가 대
신 그려 준 일을 언론에서 보도한 적이 있었습니다. 이런 풍조라면
학교는 학생의 자발성을 키우는 최후의 보루라는 생각이 듭니다.

학생들은 사물에 대한 지적 호기심, 시행착오를 겪더라도 헤쳐
나갈 수 있는 배움에 대한 의지, 하나의 과제 수행을 통해 다른 일
도 해결할 수 있는 자신감, 혼자 할 일과 친구들과 할 역할이 조화
를 이루며 문제를 해결하는 과정에서 독립심, 연대감, 성취감을 느
낄 수 있어야 합니다. '과유불급過猶不及'이란 말처럼, 아는 것을 다
알려 주고 싶은 마음이 지나치면 오히려 낭패를 부를 수 있습니다.
교사가 덜 가르치면서 학생은 더 많이 배울Teach Less, Learn More 수 있
는 방법을 동료와 함께 나눠 보기 바랍니다.

속도보다 방향,
더뎌도 제대로

교사는 속도보다 방향에 주목할 필요가 있습니다. 급하게 서둘러다 도달하지 못한다無欲速 欲速 則不達는 공자의 가르침이 있습니다. '급하게 먹은 떡이 체한다', '서두르다 망친다Haste makes waste'는 말처럼 조급하게 가르치다 보면, 진도는 나가도 남는 게 적을 수 있습니다.

영국에서 열린 마라톤 대회에서 선수들이 대거 실격하는 황당한 일이 있었습니다. 선수들이 앞사람을 따라 달리다 선두가 길을 잘못 들어서는 바람에 벌어진 일입니다.16 방향을 잘 잡아 더디더라도 제대로 가르치고 배울 수 있어야 합니다. 지행합일知行合—을 강조하는 양명학의 창시자인 왕수인王守仁은 헛되이 많이 가르치기보다 제대로 알게 가르치는 것이 소중하다授書不在徒多 但貴精熟고 하였습니다.

굼벵이도 구르는 재주가 있다는 말은 굼벵이 비하가 아닌, 모든 생명체는 제 나름의 특기와 가치를 지니고 있다는 의미로 이해하는 게 합당할 것입니다. '빠름'이란 기준으로는 굼벵이는 다른 것들에 비해 한참 뒤떨어지나, 다른 기준에 비추면 굼벵이만의 탁월함을 찾을 수 있을 것입니다. 사람마다 좋아하는 음식과 소화력이 다릅니다.

일률적인 잣대로 느리다 하여 채근하면 안 될 일입니다. 빠른 속도로 무수히 많은 내용을 다루는 것이 어떤 하나를 깊이, 충분히, 진지하게 잘 파고드는 것만 못할 수 있습니다.[17]

2019년 노벨Nobel 화학상을 97세의 굿이너프Goodenough 교수, 78세의 스탠리 휘팅엄Stanley Whittingham 교수, 71세의 요시노 아키라Yoshino Akira 박사가 공동으로 수상했습니다. 2018년에는 벨 연구소Bell Laboratories 연구원인 96세의 아서 애슈킨Arthur Ashkin 박사가 노벨 물리학상을 받는 등 노벨 과학상 수상자의 평균 연령은 70세를 넘겼습니다. 한국연구재단은 노벨상 수상까지 31년 이상의 시간이 필요하다는 분석을 내놓았습니다.[18]

2002년 노벨 화학상을 공동 수상한 존 펜John B. Fenn 교수는 정년퇴임 뒤인 72세에 발표한 논문으로 85세에 노벨상을 받았습니다.[19] 회사에서 일하다가 58세의 나이에 늦깎이 박사가 되어 연구를 지속한 요시노 아키라 박사는 연구를 위해서는 유연성과 집념, 그리고 미래에 대한 예측이 필요하다고 하며, 자신의 수상이 젊은 연구자들에게 자극이 되기 바란다고 말했습니다.[20] 빠른 것이 중요하고 필요할 때가 있지만, 방향을 제대로 잡아 포기하지 않고 꾸준하게 한 우물을 파는 노력은 무엇보다 중요하고 꼭 필요하다 할 것입니다.

비판적
사고

"따르릉따르릉 비켜나세요 / 자전거가 나갑니다 따르르르릉 / 앞에 가는 저 사람 조심하세요 / 어물어물하다가는 큰일 납니다" 이 동요는 아동문학가 목일신 선생님의 글에 1933년 김대현 선생님이 곡을 입힌 '자전거'의 가사입니다. 처음에는 '앞에 가는 저 사람 조심하세요'는 '저 영감 조심하세요'라는 가사로 교과서에 실렸고, 아이들은 '영감'을 '꼬부랑 노인'으로 바꿔 불렀던 기억이 어렴풋합니다. 이후에 모두 사람이 안전해야 한다는 교육적 차원에서 '영감'을 '사람'으로 바꾸었는지는 정확하게 알 수 없으나, 언어가 사고를 지배한다는 사피어-워프Sapir-Whorf 가설을 떠올리면,[21] 아이들에게 영향을 미치는 동요라는 점에서 다행이라 생각합니다.

이 노래의 가사는 보행자를 우선하는 개념이 부족한 시대상이 반영된 부분이 있습니다. 지금은 자전거는 전용도로로 다녀야 하고, 전용도로가 없는 곳에서는 보행자의 안전을 우선해서 조심 운전을 해야 합니다. 그런데 이 노래의 가사는 보행자에게 비키라는 요구를 담고 있습니다. 이런 면에서 운전자중심, 자기중심의 사고가 담겨 있다 할 수 있습니다.

다른 문학 분야처럼 동요 가사도 당시의 윤리와 의식을 반영합니다. 이 때문에 이 가사에 담긴 인식이 지금의 기준에 미치지 못한다고 지적하는 일은 무리일 수 있습니다. 오랫동안 국민 동요로 많은 아이들이 즐겨 불렀던 노래를 폄훼하고자 함이 아니라, 잘 알려진 노래로 예를 들어 시대를 앞선 교육자의 의식과 안목이 중요하다는 의미를 전하고자 함이니 감안勘案하여 이해를 바랍니다.

동요 '자전거'의 일부 개사改詞처럼, 세월이 흘러 사회 전반이 발전하다 보니 다른 관점에서 가사를 돌아보게 되고 미처 생각하지 못하던 측면을 깨닫게 된 것입니다. 예전에는 당연하게 여겨 볼 수 없었던 면을 이제는 볼 수 있다는 것은 그만큼 사회의 수준이 높아졌다고 할 수 있습니다. 여기에서 우리 마음에 새겼으면 하는 것은 지금 당연하게 여겨서 하는 것이 세월이 흘러 '그때는 왜 그랬을까?' 쓴웃음을 짓게 하는 일이 될 수 있다는 것입니다. 교육자는 시대를 조금이라도 앞서려는 선각자로서 누구보다 앞서 깨달아 세월이 흐른 뒤에 후회를 줄이려는 노력이 필요합니다.

교육의 중요한 목적은 창조적으로 탐구하는 사고력과 옳고 그름을 가름하는 분별력을 지닌 사람을 기르는 것입니다. 학생이 교사의 가르침을 사고思考하지 않고 무비판적으로 받아들이는 것은 바람직하지 않습니다. 백번 옳은 것이라도 자기화하는 과정이 필요합니다. 타당한 가치 판단을 위해 객관적으로 분석하는 사고력과 사리분별력을 위해서는 '비판적 사고'가 필수적입니다.

심리학자 제임스James는 "개념을 어떤 식으로 학생에게 전달하느냐에 따라 학생의 삶이 좌우된다는 사실에서, 교직을 숭고하게 받아들여야 하고 임무를 중요하게 여겨야 한다."라고 말했습니다.[22] 교사가 진정한 지식인이 되려면 비판적 언어로 무장해야 하고,[23] 학생을 비판적으로 사고할 수 있게 가르치기 위해서는 학생보다 먼저 비판적 사고를 해야 합니다.

올바른
교수 언어

교사는 외모의 청결함과 더불어 말씨도 고와야 합니다. 배움의 과정에 있는 학생에게 교사의 언행이 얼마나 큰 영향을 미치는지 공감할 것입니다. 교사의 거친 표현은 의도치 않게 학생의 마음에 상처를 주거나 갈등 상황을 악화시킬 수 있는 요인이 되기도 합니다. 교사는 겉은 부드러우나 속은 강단이 있다는 뜻의 '외유내강外柔內剛'과 부드러움이 딱딱한 것을 이긴다는 '유능제강柔能制剛'이 어울립니다.

교사는 부드러운 언행으로 학생의 마음을 열게 하고, 학생과 적당한 긴장을 유지하면서 친밀한 관계로 지내야 합니다. 그런데 교사는 교실에서 사용해야 할 바르고 부드러운 말이 몸에 배어 자연스럽게 수업하기란 말처럼 쉽지 않은 일입니다. 어색한 교직 초기에는 특히 어렵습니다. 잘못된 습관이 갈수록 굳어지지 않게, 존댓말과 반말 투의 말을 어떤 상황에서 어떻게 사용해야 적절한지, 올바른 쓰임을 살필 필요가 있습니다.

예를 들면, 교내 방송으로 학생들에게 '내일까지 가져와라', '내일까지 가져오기 바랍니다', '내일까지 가져오시기 바랍니다'처럼, 같은 내용이라도 어느 표현이 적절한지 더 나은 표현이 있는지를 살펴 바르게 전달해야 합니다. 장소에 따라, 학생 수에 따라, 학생과의 친밀도에 따른 적절한 표현 등을 살펴 사용하기 바랍니다.

나의 경우는 동시에 많은 학생을 대상으로 할 때는 대체로 높임말을 쓰고, 개인 또는 소규모로 대할 때는 편하게 얘기하면서 간간이 높임말을 쓰기도 합니다. 복도 등에서 지나치며 인사할 때는 주로 경어敬語를 사용하고, 수업에 들어가는 반의 개별 학생 또는 두어 학생과 마주칠 때는 상황에 따라 존대어 또는 편한 말로 인사를 하는 편입니다. 교직에 첫발을 내디딘 수업 때보다 시간이 흐를수록 학생을 존중하는 말의 사용 빈도가 더 높아지는 것 같습니다.

> 어느 날 한 학생이 경어를 사용하는 게 좋겠다고 일러 주었습니다. 그 자리에서 그 지적을 받아들였습니다. 요즈음 교실에서 만나는 학생은 제 막내딸보다 훨씬 어립니다. 하지만 경어로 수업합니다. 그 덕분에 학생을 함부로 대하는 마음이 눈에 띄게 사그라졌습니다.
> - 김권섭 지음. 『종례 시간』[24]

위의 인용은 무신경하게 사용해 오던 반말을 높임말로 바꾸면서 학생을 대하는 마음에도 변화가 생겼다는 교사의 자기 성찰입니다. 말하는 사람의 분위기, 상호 관계, 상황에 따라 다를 수 있지만, 교사로서 품위를 드러내는 언어를 사용하면 좋은 열매를 맺을 것입니다. 교사 자신이 무슨 말을 하고 있는지 알 때, 교사가 말한 내용이 참되다는 것을 학생이 자기 내면에서 발견할 때, 학생은 배웁니다.[25] 품격을 갖춘 언어를 사용하는 것으로도 학생에게는 큰 가르침이 됩니다.

학습목표

학습목표는 수업의 방향과 성과를 가름하는 기준으로 학생이 아는 것과 모르는 것과 같은 사전 지식의 정도를 파악해 설정한 출발점과 연계되어야 합니다. 학습목표의 진술은 학습자가 달성할 학습 내용의 목표를 성취기준과 조건에 따라 관찰 가능한 행동 용어로 표현하는 게 일반적입니다. 초등학교에서는 놀이를 통해서도 학습과 행동 발달 목표를 달성하는 것처럼,[26] 학습목표는 학생의 친숙한 일상과도 연결됩니다.

일부에서는 교사의 머릿속으로 구상한 수업의 밑그림이 교수·학습과정안을 대신할 수 있어 학습목표 제시가 필요하지 않다고 말합니다. 한 시간에 두세 가지 제시하는 학습목표가 오히려 학습내용을 제한한다고도 합니다. 학생 개인의 경험 같은 사전 지식에 따라 받아들이는 게 달라서, 학생마다 다르게 받아들이는 학습 상황의 직접적 장면이 학습목표를 결정한다고 주장합니다.

학생의 개별성에 초점을 맞추기 때문에 학습목표를 일률적으로 제시하기가 곤란하다면, 포괄적이라도 학습목표를 제시할 수 있을

지 살피면 좋겠습니다. 학생의 개별적 성취를 고려한다면, 학생이 평소 수업에서 보인 수행 정도를 고려하고, 달성 수준을 설정한 다음에 수업에 임할 필요가 있습니다.

학습목표를 육상 종목에 비춘다면 목표 지점의 방향, 거리와 시간을 염두에 두고 뛰는 선수와 그렇지 않은 선수는 차이를 보일 것입니다. 마라톤 또는 100m 결승선을 향해 뛰는 선수는 각각의 목표와 목표에 따른 전략을 마련해 실행에 옮깁니다. 한 시간에 가르칠 학습목표를 명확하게 적는다면, 학생마다 목표 달성과 전략의 수행 면에서 제시하지 않는 것보다 나을 것입니다.

상급 학교 진학과 취업에 필요한 성적 향상은 현실적으로 중요한 문제입니다. 교사는 이런 현실적 요구를 간과하지 않는 학습목표의 설정이 필요합니다. 하지만 주어진 기준과 현실적 요구에 따라 교과를 가르치는 일이 교사가 할 전부는 아닙니다. 말처럼 쉬운 일은 아니나 더 높고 넓은 차원에서 학생의 삶의 만족과 행복, 가치 있는 지식과 경험을 학습에 반영하고 학습목표와 연결하려는 고심이 필요합니다. 교육철학자 프레이리Freire는 "우리 모두는 아는 것도 있고, 모르는 것도 있다. 모든 것을 아는 사람은 없고, 아무것도 모르는 사람도 없다."라고 말했습니다.[27] 학생이 모르는 것을 알려 준다는 접근이 아닌, 학생의 경험과 눈높이에 맞추면서 학생의 잠재된 세계를 자극하려는 고민을 담은 학습목표 설정을 기대합니다.

학습자의
특성과 경험

내가 가르친 학생들 가운데 수업 때마다 병인 듯 잠에 취한 학생이 있었습니다. 심지어 일어나 만화책이라도 보라고 해도 소용이 없었습니다. 이러던 학생이 학교 축제에서 박력과 흥이 넘치는 춤의 독무대를 펼쳤고 학생들은 환호했습니다. 이 학생을 깨울 수 있는 유일한 것은 '춤'이었습니다. 춤을 주제로 발표 수업을 했더라면 이 학생의 잠을 깨게 할 수 있지 않았을까 싶었습니다. 학생의 특성에 관해 관심을 기울이고, 세심하게 관찰하고, 경험을 파악하여 학습의 동기로 연결하지 못한 아쉬움이 몰려들었습니다. 아래의 초등학교 교사의 이야기처럼 학생의 내면에 잠재된 무언가를 찾아내어 학습의 동기로 발전시킬 수 있습니다.

> 어떤 과목에도 무관심하고 삶에도 무기력해 친구들도 아예 제쳐 놓은 듯 보이는 학생이, 어느 날 체육실에 비치된 공에 바람을 넣는 나에게 "해 봐도 되나요?"라고 물어, 맡기고 한참 만에 돌아왔더니, 30개가 넘는 공에 바람을 다 넣어 가고 있었다. 순간 깨달음이 일었다. 원래 이 아이가 나태해서가 아니라 적합한 활동을 부여하지 않아서라는 것이다.
> - 이성우 지음. 『교사가 교사에게』[28]

프랑스의 의학자인 라에네크Laënnec는 공원 산책 중에 한 아이가 통나무의 한쪽 끝에 귀를 대고 다른 아이는 반대쪽 끝을 못으로 긁으며 노는 모습을 보고 귀를 대 보았더니 소리가 크게 들리는 것을 알고 힌트를 얻어 청진기를 개발했습니다.[29] 아이들은 소리의 파동과 매질媒質의 과학적 원리를 모르지만, 어른보다 먼저 생활에서 이용하고 있었습니다. 가르치는 교사는 이 놀이를 이용해 학생들이 파동을 이해하는 기회로 삼을 수 있을 것입니다.

아이들의 놀이가 과학의 원리와 연결되어 의학자의 발명으로 이어지는 것처럼 아이들의 놀이와 경험이 교사의 수업에 녹아들 수 있습니다. 학생의 경험이 학생의 실질적인 삶의 개선으로 이어지게, 교사는 학생들의 경험을 통해 이해할 수 있는 언어와 표현으로 학습내용을 전달하고, 목표를 달성할 수 있을 것입니다.

앞으로 교사는 학생들의 다양한 문화적 경험을 존중하는 개별화 교육을 더욱 요구받으리라 생각합니다. 표준교육과정에 따라 많은 학생을 한꺼번에 가르치는 공장형 학교 모델에서는 개별의 호기심을 찾아 학습목표를 설정하고, 개인의 특성에 적합한 활동 과제를 부여하기란 쉽지 않습니다.[30] 하지만 학생이 계속해서 새로운 일을 할 수 있게 호기심을 불러일으키고 관심을 가지고 꾸준히 관찰한다면, 무한한 어떤 것들이 학생뿐만 아니라 교사에게도 다가올 것입니다.[31] 교사와 학생이 함께하는 공간인 교실이 학생의 삶을 열어가는 무대가 되기를 바랍니다.

학습자의
성향과 학습유형

교사는 학생의 성격과 학습유형 등 '고유한 특성'을 이해하고 가르치는 방법을 달리하면, 학습효과를 높일 수 있습니다.[32] 의사는 내원자의 안색과 안구 등을 살피고, 문진하고, 필요한 검사를 하고, 진단하고 처방합니다. 이와 비슷하게 교사는 학생의 성향을 파악하고 처방하는 의사의 역할을 해야 합니다.[33] 학생의 특성을 관찰하고, 학교와 가정에서 시간을 어떻게 보내는지, 어떻게 공부하는지를 파악해야 합니다. 적성검사, 학습유형검사, 애니어그램Enneagram과 마이어스-브릭스 유형지표MBTI: Myers-Briggs Type Indicator 같은 성격유형 진단지 등을 활용해서 학생에게 맞는 방법을 찾아 도울 수 있어야 합니다.

학습유형의 예는 시각적 정보를 효과적으로 처리하는 유형, 듣기를 통해 잘 이해하는 유형, 접촉과 움직임을 통해 배우는 유형으로 나눌 수 있습니다. 밀러Miller에 따르면, 초·중등학교 학생의 29%는 시각적, 34%는 청각적, 37%는 운동감각적 방식으로 가장 잘 배운다는 점을 발견하였습니다.[34] 로즈Rose와 니콜Nicholl은 모두는 시각, 청각, 운동감각의 세 가지 학습유형을 갖고 있고, 이 가운데 주로

한 가지의 스타일을 선호하거나 더 어울린다고 하였습니다.[35] 실제로 내가 시각-청각-운동감각의 진단도구 활용을 안내한 동료 교사는 자가진단을 한 결과, 본인은 시각-청각 둘 다에 해당하는 유형으로 나타났고, 청각적 학습유형이 좀 더 분명하게 자신을 설명하는 것 같다는 소감을 밝혔습니다. 한 가지 감각이 단독으로 학습에 영향을 미치기보다 두드러진 하나가 다른 감각과 함께 작용하는 것으로 이해하면 좋을 것입니다.

창의적 교수법으로 유명한 밥 파이크Bab Pike는 혼자 할 때보다 여럿이 참여할 때 수행능력이 더 높게 발휘된다Social facilitation고 하지만,[36] 교사는 홀로 탐구하기를 선호하는 학생의 성향을 간과하지 말아야 합니다. 다중지능多重知能 이론을 주장한 가드너Gardner는 모든 아이는 고유한 자신의 재능과 개성을 최대한 발휘하며 자신의 삶을 개척할 수 있는 능력이 있다고 밝혔습니다. 이처럼 학생의 학습성향과 학습유형은 존중되어야 할 것입니다.[37]

학습전략과
수업전략

  학생은 '학습방법의 학습'이 필요합니다. 공부를 등한시해온 학생이 큰 결심을 하고 책을 잡았으나, 요약할 줄 몰라 통째로 외웠다는 눈물겨운 이야기가 있습니다. 효과적인 학습방법을 알지 못해 힘들어 하는 학생이 있다면, 연구에 의해 입증된 방법을 학생이 적용할 수 있게 돕는 일은 전문가인 교사가 해야 할 역할입니다. 콜린 로즈Colin Rose는 '다중지능' 이론에 근거해서 학습을 촉진하는 6단계Motivate-Acquire-Search-Trigger-Exhibit-Review 계획인 MASTER-Mind 시스템을 제시하며, 모든 교사는 모든 학생이 이를 습득하게 가르쳐야 한다고 하였습니다.[38]

  연구에 따르면, 학습효과를 높이기 위해서는 '안정된 주의집중 기술, 일목요연하게 필기·정리하는 방법, 시험을 준비하는 방식, 속독 및 정독법, (연상) 암기법'은 어느 교과에서든 고려되어야 합니다.[39] 학습유형에 따른 학습방법, 학생의 생활 방식, 학습 환경과 조건뿐만 아니라, 성장에 따른 수면호르몬의 분비 등도 살펴야 합니다. '효과적 학습방법으로 학생의 학습을 개선하기Improving Students' Learning With Effective Learning Techniques' 연구는 학생들이 비효과적 방법으로 공부하고 있다고 지적하며, 아래와 같이 학생들이 가장 많이 하는 10가지 학습방법의 효과성을 측정해서 발표했습니다.[40]

학생이 공부할 때 흔히 하는 ① 밑줄_underlining_/하이라이팅_highlighting_, ② 요약_summerization_, ③ 핵심어 기억_keyword mnemonic_ ④ 재독_rereading_, ⑤ 텍스트의 형상화_imagery for text_ 같은 방법은 효과가 없다기보다는, 어떠한 환경에서 가장 효과적인지 알 수 없지만, 다른 학습전략과 함께 사용했을 때 학업 향상에 도움이 되는 것으로 나타났습니다. 밑줄 긋기나 형광펜 등으로 강조하거나, 요약, 단순 암기, 다시 읽기만을 하기보다는 다른 방법과 함께 활용해야 효과를 높일 수 있다는 의미입니다.

효과적 학습방법은 ⑥ 정교화 질문_elaborative interrogation_, ⑦ 자기 설명_self-explanation_, ⑧ 교차 연습_interleaved practice_입니다. 단순한 질문이 아닌, 알고 있는 기존 지식과 새로운 지식을 연결할 수 있는 '왜'라는 질문을 할 줄 알아야 하고, 과제나 문제에 대해 학생 스스로 질문하고 설명할 수 있다면 학습효과가 더 높아질 것입니다. 단순하게 한 가지 문제에 초점을 맞추어 생각하는 것이 필요할 때도 있지만, 다른 문제와 혼합한 연습 또는 상호 인과관계를 통합적으로 생각하면 기억과 이해를 자극해 학습효과를 높일 수 있습니다.

효과가 높은 학습방법으로는 ⑨ 테스트 연습_practice testing_, ⑩ 분산 연습_distributed practice_입니다. 주기적으로 학습한 내용을 테스트 형식으로 확인한다면 학업성취도가 높아질 것입니다. 어떤 학교는 지난주에 배운 내용을 확인하기 위해 '주초 고사'를 실시하고 있습니다. 학생이 낸 문제를 선별하여 '주초 고사'를 치르기도 합니다. 연습을 통해 몸에 익고 기억에 새겨지도록, 시간을 두고 배운 내용을 주기적으로 반복하면 학습효과가 높아집니다.

　학생 입장의 학습전략과 더불어 교사가 적용할 교수전략이 있습니다. 마자노Marzano・피커링Pickering・폴록Pollock은 효과적인 9가지 수업전략을 밝혔습니다. ① 유사점과 차이점 확인identifying similarities and differences, ② 요약과 노트summarizing and note taking, ③ 노력 강화와 인정reinforcing and practice, ④ 숙제와 연습homework and practice, ⑤ 비언어적 표현nonlinguistic representations, ⑥ 협동학습cooperative learning, ⑦ 목표 설정과 피드백 제공setting objectives and providing feedback, ⑧ 가설 설정과 검증generating and testing hypotheses, ⑨ 단서, 질문 및 선행조직자cues, questions, and advance organizers 교수전략별로 효과의 크기와 백분위 상승에 관한 연구 결과를 제시하였습니다.[41]

　교사는 주기적인 학습내용의 확인, 교과별 학습방법에 관한 안내, 단원별로 정리한 자료를 제공하거나 정리하는 방법을 알려 주는 등 학생의 성취를 높일 수 있는 전략과,[42] 이를 연계한 교수설계가 필요합니다. "수업 설계는 드라마 각본을 쓰는 것과 같다."라고 어느 교사는 말했습니다.[43] 덜 가르치고 더 배우는, 덜 부담 갖고 더 즐겁게 공부할 수 있는 수업 설계는 교육이 예술과 과학이 접목된 전문적인 일이라는 것을 보여 줄 것입니다.

수업을
시작할 때

교수·학습 국제 조사TALIS: Teaching and Learning International Survey에 따르면,44 OECD의 다른 국가에 비해 우리나라 교사는 수업 시작 무렵에 학생들이 조용해질 때까지 오래 걸리는 등 질서를 유지하는 데 더 많은 시간을 보내고 있습니다. 저경력 교사는 실제 교수학습에 할애하는 시간 비율이 다른 교사에 비해 상대적으로 낮게 나타났습니다. 교직에 첫발을 디딘 신규 교사는 질서를 유지하는 데 더 큰 어려움을 겪을 수 있으리라 생각합니다.

교사는 수업할 분위기를 다잡고 시작하지만, 때로는 다른 반과의 학습 진도를 맞추느라 인사하기 바쁘게 곧바로 수업을 합니다. 이럴 때면, 교사가 가르칠 것은 교과서만이 아니라는 생각이 들어 아쉬움이 큽니다. 교사는 학생들의 삶에 유용한 지식과 학생들이 공동체 안에서 실천할 할 좋은 행동이 몸에 배게 가르쳐야 합니다. 교실과 복도 바닥의 청결, 책걸상의 맞춤, 쓰레기통과 주변 및 청소 도구함 그리고 교탁 위와 칠판 정리, 수업 준비물 갖추기 같은 함께하는 교실 생활의 기본적인 것을 확인하지 않고 진도에만 마음이 앞서서는 안 됩니다.

교사는 수업을 시작할 때 학생들이 수업에 몰입하도록 주의를 환기喚起해야 합니다. 무질서는 가르침의 장애물입니다.[45] 선생님의 '관심의 눈빛'을 받으며 성장하는 학생들은 교사의 관심에 관심을 둡니다. 교사가 교실의 청결과 질서에 관심을 두면 학생들은 반응합니다. 수업할 준비가 된 상태에서 수업을 시작하기 바랍니다.

출결
확인

ᄅ

"출석부를 펼치면 / 나란히 늘어선 이름들 / (중략) / 잘났거나 못났거나 / 똑같이 한 칸씩만 차지하고 있다는 것 / (후략)."[46] 오랫동안 학생들을 가르친 박일환 시인의 「출석부」라는 시입니다. 언젠가는 전자 방식으로 출석 확인을 할 날이 오겠지만, 아직은 수업 시간마다 한 번은 교사의 손길이 닿는 출석부는 교단의 정감이 어린 상징 가운데 하나로 시인의 시제詩題가 되기도 합니다.

예전에는 교무실 한편에 출석부 꽂이가 있어 교사는 수업 시간마다 출석부를 가져가야 하고, 수업을 마치면 다시 제자리에 꽂아 놓아야 했습니다. 교육행정정보시스템NEIS: National Education Information System 이 생긴 뒤에는 출석부는 보조 장부의 성격을 갖게 되어 보존 기간도 짧아졌습니다. 교과 담임은 출결을 꼭 확인하여 출석부에 기록하고, 학급 담임은 당일의 출결 기록을 시스템에 입력해야 합니다.

출석을 부를 때, 교사가 학생의 이름을 부르면 학생은 소리 높여 대답하여 서로의 장단이 맞는 듯합니다. 호응하는 학생의 소리가 평소와 다르게 느껴지면 학생의 상태를 살피게 됩니다. 교사는 조회와 종례 시간, 수업 시간에 출결 확인을 해야 합니다. 출결 확인에 소홀하면 난처한 지경에 빠지는 일이 종종 있습니다. 출석 확인은 번호 순서대로, 수업을 진행하며, 과제를 확인하며, 빈자리 확인등 여러 방법이 있을 수 있습니다. 출석 확인의 노하우know-how가 쌓이면, 수업 시간을 별도로 차지하지 않고도 자연스럽고 쉽게 출결확인을 할 수 있게 됩니다.

　결석·지각·조퇴·결과 등의 출결 상황은 '질병·미인정·기타'로 구분하여 표기합니다. 학교 규칙은 누구든 똑같이 지켜야 하나,지나치게 경직되거나 느슨하지 않게 규정을 타당하게 해석해서 적용해야 할 것입니다. 규칙을 적용할 때 '학생을 위한 최선의 이익the best interests of the student'을 고려해야 합니다.[47] 규칙은 학생이 처한 상황을 고려하고, 다른 학생과의 형평성과 일관성을 살펴 타당하게적용되어야 합니다. 애매한 경우에는 동료와 전문가에게 의견을 구하거나, 정해진 절차에 따라야 하는 사안이면, 관련 위원회의 협의등 절차를 밟아 결정해야 합니다.

　실제 사례를 소개합니다. 반이 다른 두 학생은 집이 가까운 친한친구여서 늘 등하교를 함께 합니다. 어느 날, 조회 시간에 몇 초 늦었습니다. 조회를 알리는 종이 울리고 교실에 들어가니 출석을 부르고 있습니다. 한 학생은 미인정 지각으로, 다른 반 학생은 정상출석으로 담임의 판단에 따라 다르게 처리됩니다. 시간이 한참 흐른 뒤, 두 학생은 이런 차이를 우연히 알게 되고, 지각으로 처리된학생의 부모는 학교에 강하게 항의를 합니다. 한 가지 사례를 더

들겠습니다. 어느 날 형사가 학교를 방문합니다. 범죄와 관련해 학생이 의심을 받는 상황입니다. 사건이 발생한 해당 시간에 학생이 학교에 있었는지를 출석부로 확인하고, 출석이 확인된 학생의 알리바이alibi는 성립됩니다. 두 사례로 비추어 볼 때, 정확한 출결 확인이 필요함을 새삼 느낄 수 있습니다.

수업의
성장

교단에 선 첫날 첫 수업을 알리는 종소리는 유난히 크게 들립니다. 한 시간이 어떻게 지났는지도 모르게 수업이 끝나면 안도와 아쉬움이 교차합니다. 준비하고 계획한 대로 진행되어 활기찬 학생들의 굿바이goodbye 감사 인사는 승리의 나팔 소리로 들립니다. 반면에 예상하지 못한 난감한 상황에 어찌할 바를 몰라 헤매게 되면 "종소리와 함께 바람 빠지는 풍선 꽁지 감추듯 후다닥 교실 문을 열며" 나올지 모를 일입니다.[48]

신인 선수는 첫 경기에서 투지를 보이며 열심히 뛰지만 아쉽게 끝내는 경우가 적지 않습니다. 신규 교사가 열정을 쏟아도 기대와 다른 결과에 실망할 수 있습니다. 나는 초보 교사 때 열의를 다해 수업하였으나 기대에 훨씬 미치지 못한 학생들의 성취 결과에 크게 실망한 적이 있습니다. 수업 때 보인 학생들의 반응에만 도취했던 것입니다. 생각 끝에 점심시간을 쪼개 학생별로 과제를 확인하며 필요한 설명을 하였는데, 얼마의 시간이 흘러 효과가 나타났습니다.

심리학자인 비고츠키vygotsky는 학습의 영역을 학생이 스스로 할 수 있는 영역, 누군가의 도움으로 발달 가능한 영역, 배울 수 없는 영역으로 구분했습니다. 학생이 이미 아는 것을 반복해서 가르치거나 너무 쉬운 것만을 가르치면 흥미를 떨어뜨릴 수 있습니다. 학생의 역량과 시간에 비해 지나치게 적게 가르치면 집중력이 떨어지고 수업 분위기가 느슨해집니다. 반면에 교사의 현학衒學을 과시하듯 너무 어려운 것만을 골라 가르치면 학생은 따라오지 못하고 좌절할 수 있습니다. 여유 없이 지나치게 많이 가르치면 과부하가 걸립니다. 학생의 도전 의욕을 북돋고, 학생의 발달을 도울 수 있는 적정한 수업인지 살펴 가르치는 게 중요합니다.

> 교직 첫해 첫 수업 준비로 1주일 내내 잠 못 들었던 기억이 떠오른다. 첫날 교실 문을 열고 들어갈 때까지 매우 긴장했고 울렁거렸다. 새로운 도전을 할 때마다 앞을 향해 한 발짝 내디디라는 말대로 그날도 그렇게 교실로 들어갔다. 그리고 첫해 나의 학급 학생들 하나하나를 잊은 적이 없다.
> - 고재천 등 옮김. 『성공하는 교사의 첫걸음』[49]

긴장과 설렘이 교차한 첫 수업은 시작에 불과합니다. 다른 일들이 그렇듯이 수업도 돌아보지 않으면 정체 또는 퇴보될 수 있습니다. "급해지니 말이 빨라지고 목소리가 높아졌다. 여유 없이 혼자 한 것 같아 아쉽다. 수업만 진행하기보다 침착하게 아이들을 집중시키고 아이들 하나하나를 관심 가지고 보겠다."[50] 이같이 신규 교사가 자신의 수업을 돌아본 것처럼, 수업에 대한 성찰은 교사의 성장을 돕는 영양소입니다. 학생이 제대로 이해했는지, 뒤떨어진 학생은 없는지를 살피며, 하나라도 더 알려 주고 싶은 처음의 열정을 지속해서 발휘하길 바랍니다.

데이터의
활용

'데이터 사이언스data science'라는 말이 생길 정도로 데이터의 활용은 사회 전반에 큰 변화를 일으키고 있습니다. 경제 분야는 말할 것도 없고, 스포츠에서도 데이터 분석은 경기력 향상에 필수적이고 승패를 결정짓기까지 합니다. 예술적 속성을 지닌 교육 분야도 '과학'이 강조되어 가는 전환점에서 데이터는 과학적 증거로 중요하게 다루어집니다.[51] 데이터는 때때로 현실을 왜곡할 수 있는 맹점이 있으나, 데이터가 지니는 한계를 이해하고 강점으로 이용해야 할 것입니다.[52]

교육통계서비스kess.kedi.re.kr나 기초학력 보정시스템dtbs.edurang.net과 같은 사이트site는 전국적인 교육 데이터 정보를 제공하고 있습니다. 시대의 변화에 예외일 수 없는 학교와 교사도 데이터를 축적하고 활용하는 데 관심을 높여 가고 있습니다. 데이터를 활용해서 학생의 대학입학을 성공으로 이끈 사례를 공유한 교사는 학생의 말보다는 데이터만 보려 했다고 말할 정도로 학교 현장에서 데이터는 중요해지고 있습니다.

교사가 데이터를 축적하고, 분석하고, 해석하는 활용 역량을 갖춘다면, 학교는 더 나은 배움의 장이 되고 학생은 더 성장할 수 있습니다. 그런데 데이터에만 매달리면 기대와 전혀 다른 결과가 나타날 수 있으니 유의해야 합니다. 통계를 종교적 진리나 계율 같은 증거로 다루면 안 됩니다. 데이터 지상주의가 아닌 데이터 보조주의 관점에서 단일한 해석보다 다양한 가능성을 종합적으로 수용하려는 자세가 중요합니다. 데이터는 전문가의 경험 및 판단과 결합하여 해석되어야 하며,[53] 데이터를 수집하거나 사용할 때는 윤리적 측면을 고려해야 합니다.

진학지도

　사람은 누구든 자신을 과신하여 쉽게 단정해 말하는 것을 경계해야 합니다. 선견지명先見之明은 특별한 능력이라서, 앞날에 관해 조언하는 일은 어렵습니다. 학생의 가치관에 영향을 미치는 교사의 한마디는 학생의 앞길을 결정지을 수 있다는 점에서 무척 조심스럽습니다. 하지만 "학생의 눈빛에 담긴 의미와 그 너머를 들여다볼 수 있는 교사는 학생의 인생을 바꿀 수 있는 열린 문을 보여 줄 수 있다."라는 말처럼,54 교사가 학생의 간절함을 공감하며 성실하게 방법을 살피면 도울 길이 보이리라 생각합니다.

　교사는 학생의 성장을 위한 비계scaffold의 역할을 하며 학생이 길을 찾게 조력해야 합니다. 학생의 진로에 중대한 진학지도는 희망, 소질과 적성, 현실과 전망, 필요한 자료 등을 살펴 최선의 결과를 얻을 수 있어야 합니다. 초등학교와 중학교는 초등학생이 초등학교와는 다른 중학교 생활에 대한 두려움 없이 적응할 수 있게 협력해야 합니다. 중학교와 고등학교는 학생의 희망과 특기·적성을 고려해, 학생이 진학할 수 있게 도와야 할 것입니다.

교사마다 지도한 학생에 관한 정보를 취합하면 다양한 시선으로 학생을 바라볼 수 있어서 더 나은 결과를 이끌 수 있습니다. 최근에 진학지도를 위해 많은 일반계 고등학교는 학년 초 학년별 워크숍을 열어 학생들의 1·2학년 때 누적된 기록을 함께 검토하고, 관찰한 의견을 나누고, 학생별로 SWOT_{Strength Weakness Opportunity Threat} 분석을 하고, 학생별로 목표 달성을 위한 취약점 보완과 강점을 부각할 수 있는 전략을 세웁니다. 한 해의 진학지도가 마무리될 무렵에 3학년 담임교사들은 진학지도의 성공담과 실패담을 전체 교원과 공유하여 진학지도에 관한 전문성을 높일 기회를 제공합니다.

주로 고등학교의 사례를 들어 진학지도를 언급했지만, 대학 진학의 결실은 어릴 때부터 축적되어 고등학교 때 맺는다고 생각합니다. 학생 성장의 디딤돌인 교사는 학생이 바라는 진학을 준비하는 전 과정에서 학생이 마주하는 걸림돌을 헤치고 나아갈 수 있게 진로와 진학지도에 관한 전문성 제고에 지속적으로 관심을 가져야 합니다.

진로지도

교사는 부모와 함께 아이의 앞날에 지대한 영향을 미칩니다. 사망률보다 출생률이 낮아지는 항아리형 인구구조의 도래, 과학·기술의 고도화, 문화와 여가의 향유享有에 대한 기대가 높아지면서 개인의 희망과 특기에 따른 학생들의 진로 선택이 다양해지고 있습니다. 따라서 교사는 학생의 장래를 결정지을 수 있는 진로지도에 관한 관심과 전문성이 더욱 필요합니다.

미국의 한 초등학교는 "우리 학교는 학생들과 학부모, 조부모까지 진실로 성심성의껏 보살핀다."라고 말합니다.[55] 이처럼 학교와 교사의 역할은 그 끝을 헤아리기 어렵습니다. 교사는 가르치는 일뿐만 아니라 교사의 손길이 여러모로 닿아야 하는 학생들의 앞날을 열기 위해 할 수 있는 일을 다 해야 한다는 아래의 이야기는 시사하는 바가 큽니다.

> 열악한 가정환경에 '인생 다 산 것 같은' 표정을 짓고 축구공을 끼고 다니며 운동하는 재미로 산다는 학생에게 체육대학을 간 제자를 멘토로 소개해 주었더니 수업태도가 바뀌기 시작했다. 실

기가 탁월해 사회체육과에 진학했다. 너무 행복하단다. 인생이
바뀌었다. 교사는 교육만 하는 게 아니다.
- 송형호 지음. 『송샘의 아름다운 수업』[56]

 교사가 진로지도를 할 때 무엇보다 중요한 것은 유행을 좇기보다
학생이 잘할 수 있는 일을 찾게 도와야 할 것입니다. 대학의 어떤
학과는 한때 세칭世稱 최고의 인재들이 몰리는 치열한 경쟁률을 보였
지만, 얼마의 시간이 흐른 뒤에는 세간의 관심에서 멀어졌습니다.
앞을 내다보기는 어려운 일이지만 눈앞에 펼쳐지는 현상뿐 아니라
변화의 방향을 헤아리려는 노력은 필요하고도 중요합니다. 미래를
살아갈 학생을 가르치는 교사는 문화의 흐름, 인구구조와 트렌드trend
변화에 관한 데이터, 새로운 연구와 책에 눈길을 두어야 합니다.

독서와 글쓰기
교육

노벨 화학상을 수상한 요시노 아키라_{Yoshino Akira} 박사는 "초등학교 때 담임선생님에게 '촛불의 과학'이라는 책을 받아 읽은 뒤 화학이 재미있어졌다."라고 말했습니다.[57] 교수법을 연구한 핀켈_{Finkel} 교수는 학생에게 좋은 책을 읽히기만 해도 교육 경험을 제공하는 것이라고 했습니다.[58] 미국 캘리포니아주는 학교에서 매일 3교시 전이나 후에 15~30분씩 교사와 학생들이 책 읽는 시간을 가질 정도로 독서를 중요하게 다루고 있습니다.[59]

책 읽기는 생각을 논리적으로 정리하는 글쓰기로 이어질 때 가치를 더합니다. 글쓰기는 지식과 경험의 정선_{精選}입니다. 간단한 한 가지 주제나 경험에 대해 짤막하게 쓰더라도 생각과 논거가 정리되지 않으면 완성하기 어렵습니다. 글쓰기는 주제에 관한 문제의식을 먼저 가져야 합니다. 그런 다음에 현상에 대한 합리적인 분석과 해결 근거를 논리적으로 풀어 담아야 합니다.

독서는 '무엇을 아는가?'의 영역이라면, 글쓰기는 '무엇을 할 수 있는가?'의 영역이라고 할 수 있습니다. 독서는 과거와 현재, 그리고 여기와 저기의 시공을 넘나들며 사색하고, 미지의 세계를 간접적으로 경험하고, 새로운 세상에 대한 시야를 넓힐 수 있습니다. 예술 작품을 창작하는 것과 같이, 글쓰기는 자신의 앎과 깨달음을 언어로 조각하는 창의적인 작업입니다.

우리 교육은 '풀이'에 치우쳐 '쓰기' 교육에는 미흡하다는 지적을 받습니다. 남아프리카 공화국Republic of South Africa의 인종 차별을 그린 영화 *파워 오브 원The Power of One*에서 학생이 자작自作 소설을 발표하는 수업 장면은 인상적입니다. 소설 쓰기를 통해 자기 생활의 경험을 살려 생각을 풀어내는 과정은 우리의 글쓰기 교육과 비교되는 부분입니다. 생각을 논리적으로 풀어 가는 글쓰기 교육이 필요합니다.

글쓰기는 실생활과도 밀접하게 연결되어 있습니다. 블로그blog, 페이스북facebook, 트위터twitter 같은 **SNS**의 평판은 진학과 취업에 영향을 미치며 일상이 되어 가고 있습니다. 풍부한 독서와 습작으로 다져진 신중한 글쓰기는 글의 격과 글쓴이의 품격을 높여 줍니다. 최근에 우리 교육도 독서와 글쓰기에 관한 관심이 높아지고 있습니다. 아침에 독서 시간을 갖는 학교가 있고, 야간에 학교 도서관을 개방해서 독서 편의를 제공하고 있습니다. 교사와 학생이 함께 책을 출간하는 일도 증가하고 있습니다. 가르침이 교과서에 머물지 않고 삶에 영향을 미칠 읽을거리를 넓히고, 글쓰기의 결과물로 이어지기를 기대합니다.

온라인
수업

세계보건기구WHO는 코로나 바이러스19의 팬데믹pandemic 선언을 했습니다. 학교는 감염증 확산 저지에 긴요한 '거리 두기'의 일환으로 등교를 미루고 COVID-19가 진정되길 바라는 난감한 상황입니다. 교문은 셧다운shutdown 되었지만, 선생님들은 등교를 기다리는 학생들을 위해 온라인 교실을 열어 학생들을 만나고, 화상으로 교수-학습하는 방법을 SNS를 통해 공유하고 있습니다. 집단지성을 발휘하는 교사를 비롯한 인류의 노력으로 인류 문명이 유지, 발전된다고 생각합니다.

신종 바이러스로 인한 일상생활의 변화로 교실의 벽과 학교 울타리 같은 물리적 경계 없이, 언제 어디서든 학습이 가능한 유비쿼터스ubiquitous 교육의 방향을 다시 주의 깊게 살필 시점이라고 생각합니다. 이번 위기에서 국내외의 IT 기업이 제공하는 화상미팅 솔루션, 학습관리시스템LMS은 교육에서 역할을 확장하고 있습니다. 세계 여러 나라는 학사일정에 차질을 빚으며 수업 결손을 메우기 위해 IT 시스템을 이용해서 온라인 등교와 온라인 수업을 교육에 도입했습니다.

이런 상황에서 그동안 대학의 강좌를 공유한 MOOCMassive Online Open Course[60]와 세계 도시를 돌아가며 기숙하고 원격으로 대학 강의가 이뤄지는 미네르바 스쿨 같은 온라인 오픈 운영 교육 체제가 주목받고 있습니다.[61] 대학과 다르게 신체·정서적 발달이 동반되어야 하는 초·중등 교육에서 온라인 교실은 오프라인 대면 학습의 대체재가 아닌, 온·오프라인 융합의 교수-학습-평가 플랫폼platform으로의 운영이 필요합니다.

기존의 교실에서 서로의 시선과 반응을 주고받으며 교수-학습의 활동을 하는 수업과 디지털 시스템을 이용해 원격으로 이루어지는 온라인 수업은 다른 차원입니다. 미래로 나아가는 교사는 적극적으로 온라인 수업의 전문성을 발전시켜야 할 것입니다. 앞으로 교원양성 과정에서 온라인 수업과 관련한 기기의 활용, 교수 및 평가의 내용과 방식, 학생과의 관계 관리 등 디지털 리터러시와 온라인 교수법의 전문성을 높이는 강좌가 제공되어야 합니다.

현재의 방송중학교와 방송고등학교는 공립 형태로 몇 곳에 불과하지만, 머지않아 규모가 확대되고, 민간도 참여하리라 예상합니다. 오프라인 학교와 온라인 학교가 어울리는 다양한 교육의 모습이 등장할 날이 오지 않을까 싶습니다. 한참의 세월이 흐른 미래의 교육에서는 온라인 학교가 기본이 되고, 오프라인 수업은 학생들의 신체적·정서적 측면에서 온라인 교육을 보완하는 역할을 할 시대가 오지 않을까 하는 생각을 성급하게 해 봅니다. 어떤 변화에서도 누구보다 앞서 에듀테크edutech를 수용하는 신세대 선생님들은 교육의 새로운 변화를 이끄는 역할을 거뜬히 해내리라 기대합니다.

참고문헌

1 김권섭(2018). 종례 시간. 다산초당. p. 190.

2 Joyce, B., & Showers, B.(2002). Student achievement through professional development. *Designing training and peer coaching: Our need for learning. Alexandria, VA: ASCD.*

3 주삼환, 유수정, 오형문, 이기명, 진재열 옮김(2005). 교원의 전문적 능력개발. 시그마프레스. p. 70.

4 양홍(2014). 중국 중학교 교사의 효과적인 수업행동 실태. 2014 국제수업행동분석 세미나 자료집. 충남대학교. p. 23.

5 천세영, 김득준, 정일화(2018). 수업전문성 측정도구(ICALT)의 문항별 신뢰도 및 타당도에 관한 연구. 한국교원교육연구, 35(2), pp. 31-54.

6 주삼환, 정일화 옮김(2010). 학업성취 향상 수업전략. 시그마프레스.

7 Jukes, M.(2019). *The Teach tool – the start of a global collaborative to improve classroom observations?.* SHARED, Research Triangle Institute.

8 Ambady, N., & Rosenthal, R.(1992). Thin slices of expressive behavior as predictors of interpersonal consequences: A meta-analysis. *Psychological Bulletin, 111*(2), pp. 256-274.

9 주삼환, 황인수 옮김(2015). 수업장학. 학지사.

10 Ambady, N., & Rosenthal, R.(1993). Half a minute: Predicting teacher evaluations from thin slices of nonberbal behavior and physical attractiveness. *Journal of Personality and Social Psychology, 63*(3), pp. 431-441.

11 천세영, 이옥화, 정일화, 김득준, 장순선, 방인자, 이재홍, 권현범, 김종수, 이경민, 김지은, 전미애(2020). 수업분석과 수업코칭. 학지사.

12 수호믈린스키 교육사상연구회 옮김(2010). 선생님들에게 드리는 100가지 제안. 고인돌. p. 163, p. 177.

13 노상미 옮김(2011). 가르친다는 것은. 이매진. p. 227.

14 EBS(2011). '마더 쇼크' 2부, 엄마 뇌 속에 아이가 있다. EBS 다큐 프라임. 2011. 5. 31.

15 이기문 옮김(2002). 행복한 삶을 사는 10가지 작은 원칙. 시아출판사. pp. 257-258.

16 JTBC(2013. 5. 19). 영국 마라톤 5,000명 실격 … "앞 사람 따라 뛰었는데 왜?"

17 홍한별 옮김(2012). 가르친다는 것. 양철북. p. 178.

18 조선비즈(2019. 10. 9). 1년 만에 최고령 노벨상 수상자 갱신 … 97세 굿이너프 교수.

19 동아사이언스(2019. 10. 5). [2019 노벨상] 대학원생 업적, 정년 이후 연구로도 수상.

20 연합뉴스(2019. 10. 9). 노벨화학상 日요시노 "연구에 유연성·집념·예측력 중요."

21 Kay, P., & Kempton, W.(1984). What is the Sapir-Whorf hypothesis?. *American anthropologist, 86*(1), pp. 65-79.

22 정명진 옮김(2016). 선생님이 꼭 알아야 할 심리학 지식. 부글북스. p. 206.

23 강주헌 옮김(2001). 실패한 교육과 거짓말. 아침이슬. p. 29.

24 김권섭(2018). 종례 시간. 다산초당. p. 17.

25 김광채 역편(2011). 어거스틴의 교육사상 텍스트. 아침동산. p. 81.

26 박남기(2010). 최고의 교수법. 생각의 나무. p. 114.

27 교육문화연구회 옮김(2000). 프레이리 교사론. 아침이슬. p. 113.

28 이성우(2015). 교사가 교사에게. 우리교육. pp. 203-204.

29 이명주(2007). 놀면 뭐해. 종려나무. p. 218.

30 Sleeter, C.(2015). *Multicultural Education vs. Factory Model Schooling*. Multicultural education: A renewed paradigm of transformation and call to action, pp. 115-136.

31 이명주(2007). 놀면 뭐해. 종려나무. pp. 218-219.

32 민혜리, 최경애(2011). 교수·학습방법과 실천 전략. 교육과학사. pp. 129-130.

33 최대현 옮김(2008). 쉽게 가르치는 기술. 두리미디어. pp. 16-34.

34 Miller, P.(2001). Learning styles: The multimedia of the mind. *ED 451340.*

35 Rose, C. P., & Nicholl, M. J.(1998). *Accelerated learning for the 21st century: The six-step plan to unlock your master-mind.* Dell Books; 김창환 옮김(2012). 퀀텀 교수법. 멘토르. pp. 220-225.

36 Pike, R. W.(2003). *Creative training techniques handbook: Tips, tactics, and how-to's for delivering effective training.* Human Resource Development.

37 Gardner, H.(1993). *Multiple intelligences: The theory in practice.* New York: Harper Collins.

38 Rose, C. P., & Nicholl, M. J.(1998). *Accelerated learning for the 21st century: The six-step plan to unlock your master-mind.* Dell Books.

39 김창완 옮김(2012). 퀀텀 교수법. 멘토르. p. 218.

40 Dunlosky, J., Rawson, K. A., Marsh, E. J., Nathan, M. J., & Willingham, D. T.(2013). Improving students' learning with effective learning techniques: Promising directions from cognitive and educational psychology. *Psychological Science in the Public Interest, 14*(1), pp. 4-58.

41 주삼환, 정일화 옮김(2010). 학업성취 향상 수업전략. 시그마프레스.

42 김전원(2006). 교육, 희망의 길. 고두미. pp. 87-89.

43 이혜경(2017). 대한민국 시험. 다산지식하우스. p. 257.

44 이동엽(2019). 한국의 중학교 교사가 인식하는 수업의 실제: TALIS 2018 결과 분석. KEDI BRIEF, 2019(14). 한국교육개발원.

45 이창신 옮김(2003). 훌륭한 교사는 이렇게 가르친다. 풀빛. p. 98.

46 박일환(2018). 덮지 못한 출석부. 나라말. p. 127.

47 주삼환, 정일화 옮김(2012). 교육윤리 리더십. 학지사. p. 65; 이창신 옮김(2003). 훌륭한 교사는 이렇게 가르친다. 풀빛. p. 136.

48 정일화(2016). 첫눈. 돋움사. p. 75.

49 고재천, 권동택, 김은주, 박상완, 박영만, 이정선, 정혜영 옮김(2009). 성공하는 교사의 첫걸음. 시그마프레스. p. 3.

50 https://blog.naver.com/wldmsaledma

51 주삼환, 정일화 옮김(2010). 학업성취 향상 수업전략. 시그마프레스. p. 181.

52 이찬승, 김은영 옮김(2015). 학교교육 제4의 길①, 학교교육 변화의 역사와 미래방향. 21세기교육연구소. p. 96.

53 이찬승, 김은영 옮김(2015). 학교교육 제4의 길①, 학교교육 변화의 역사와 미래방향. 21세기교육연구소. p. 91, pp. 98-99, pp. 104-105.

54 박인균 옮김(2014). 당신이 최고의 교사입니다. 추수밭. p. 363.

55 주삼환, 이석열, 정일화(2009). 블루리본 스쿨. 학지사. p. 192.

56 송형호(2018). 송샘의 아름다운 수업. 에듀니티. pp. 82-83.

57 연합뉴스(2019. 10. 9). 노벨화학상 日요시노 "연구에 유연성·집념·예측력 중요."

58 문희경 옮김(2010). 침묵으로 가르치기. 다산북스. pp. 288-289, p. 296.

59 https://blog.naver.com/dr_sam/100052142021

60 www.edx.org

61 www.minerva.kgi.edu

chapter 5

웃음과 모험이 가득한 신비한 세계
교실을 어떻게 열까

왜 학교를 사랑하는가?
우리는 홀로 자라지 않고, 학교에는 우리가 자라도록 돕는 시선이 늘 있다.

Why do I love school?
We do not grow up alone, and there is always a gaze that helps us to grow.

— 프란시스코 교황Pope Francis

첫 출근
준비

신규 교사는 학교에 배속配屬되기 전에 학교생활 준비와 교과별로 네트워킹을 할 수 있는 직무연수를 받습니다. 시도에 따라 차이는 있지만, 연수가 마무리될 즈음에 교육청은 누리집homepage을 통해 소속할 학교를 발표합니다. 학교를 확인하면, 새 학년 준비를 위한 교과협의회 및 업무분장業務分掌 등을 안내받기 위해 먼저 학교에 연락해서 방문 일정을 잡기 바랍니다. 학교 누리집을 통해 학교의 현황을 알아 두면 좋겠습니다. 출근 때 교통과 소요 시간 확인도 필요합니다.

학교의 행정업무는 점차 익혀가면 되지만, 교과는 처음부터 잘 가르쳐야 합니다. 플라톤Plato은 일의 처음이 가장 중요하고, 미국 건국의 아버지로 일컬어지는 벤저민 프랭클린Benjamin Franklin은 준비에 실패하면 실패를 준비하게 된다고 했습니다. 정식으로 출근하기 전에 이루어지는 학교 방문 때, 가르칠 교과서와 교사용 지도서를 챙기고, 교과서 출판사의 홈페이지와 교과 및 업무의 경험을 공유하는 온라인 교사 커뮤니티의 자료를 참고하고, 선배 교사에게 조언을 구해 수업을 준비해야 합니다.

첫발을 내디딘 학교생활은 생소하고 익힐 일이 많아 학교에서 수업 준비할 시간을 내기 어렵습니다. 새 학년을 시작하기 전에 미리 해야 여유를 가질 수 있습니다. 핵심을 잘 정리해서 1시간을 가르치기 위해서는 많은 시간이 필요합니다. 공개 수업을 참관한 교사가 수업을 준비하는 데 몇 시간을 들였는지 물었더니 수업한 33년 경력의 교사는 "평생 이 수업을 준비했고, 모든 수업을 평생 준비합니다."라고 대답했습니다.[1]

학교 방문 때 학급 담임으로 배정되면, 맡은 학급의 교실 환경을 살펴 필요한 준비를 하기 바랍니다. 초보 교사로 첫 학급 담임을 하면, 좌충우돌할 수 있으나 교직 여정에서 가장 생생한 기억으로 남을 것입니다. 학생 사진 명렬표와 인적 사항 자료를 구해서 이름을 외우고, 얼굴을 익히고, 생활을 파악하기 바랍니다. 학생들과 첫 만남 때 얼굴을 알아보고 이름을 다정하게 부른다면 이미 좋은 관계는 시작된 것입니다. 첫날 기본적인 사무용품을 학교에서 받지만, 개인적인 사무용품과 생활용품을 준비하면 도움이 될 것입니다.

첫
출근

첫 출근은 설레면서 긴장이 됩니다. 첫 출근을 앞두고 마음에 두어야 할 일은 많습니다. 무엇보다도 첫인상을 좌우할 수 있는 옷차림에 관심을 가지길 권합니다. 나폴레옹Napoleon은 사람은 그가 입은 그대로의 사람이 되고, 패셔니스트fashionist인 샤넬Chanel은 용모가 잘 갖추어진 사람은 그 사람의 내면을 보려고 하지만, 용모가 잘 갖추어지지 않은 사람은 자꾸만 그 사람의 외면만 보게 된다고 했습니다.

학생들은 부임한 교사에게 먼저 눈을 연 다음에 귀를 열고, 마음을 엽니다. 학생에게 좋은 첫인상을 주어야 합니다. 첫 출근 날에 초임 교사는 옷차림과 머리 모양을 원만하고 세련되게 꾸미면 좋겠습니다. 짙은 향의 화장품에 학생들이 민감할 수 있다는 점도 유의하기 바랍니다.

출근 시간에 경쾌한 걸음걸이로 교문에 들어서며 밝게 인사를 건네는 교사의 모습은 학생들에게 활기찬 에너지를 전할 것입니다. 내가 교직에 처음 들어설 때, 30분 일찍 출근하고 30분 늦게 퇴근

하는 자세로 생활하라는 조언을 받았습니다. 나는 일찍 출근해서 학생을 마중하고, 학생이 귀가한 뒤에 교실 뒷정리와 문단속을 확인하고 퇴근했습니다. 교사는 학생에게 성실함의 무한 본보기가 되어야 합니다.

누구에게나 첫날은 생소합니다. 궁금한 일은 혼자 품지 말고 선배 교사에게 물어서 풀어 가기 바랍니다. '항상 처음처럼'이란 말이 있습니다. 새 출발은 각오가 새롭습니다. 첫 출항의 준비를 마치고 넓은 바다로 나갈 마음을 새기면서 하루하루 새로워지기 바랍니다. 매일매일 학교에 갈 때 아이의 예쁘고 잘하는 점을 많이 보게 해 달라는 어느 교사의 기원을 떠올리며,[2] 출근하는 발걸음이 가볍기 바랍니다.

학생과의
첫 만남

사람이 본디 지닌 모습은 차차 드러나지만, 첫인상의 영향은 자못 오래가는 경향이 있습니다. 첫인상은 짧은 시간에 결정되며, '한 번 심어진 인상을 바꾸는 데 무려 40시간의 재면담_再面談이 필요합니다.'3 굳어진 이미지는 좀처럼 바뀌기 힘듭니다. 이 때문에 관계의 첫 단추를 잘 끼워야 합니다. 학생에게 호감과 신뢰를 주는 교사의 첫 모습은 어떠해야 할지를 생각하기 바랍니다.

교사는 학생들에게 삶의 생기를 불어넣는 활기찬 모습으로 비쳐야 바람직합니다. 하지만 안타깝게도 3월에 아이들을 잡아야 1년이 편하다는 말이 떠돌고,4 학년 초에는 의도적으로 위압적인 분위기로 학생들을 대하라고 새내기 교사에게 안내하는 일이 있습니다. 심지어는 새로 맞이한 학생을 신병_新兵으로, 가르치는 일을 참호전에 비유해서 참호를 통제하는 것이 일차적 목표라고, 무섭게 시작하고 크리스마스 전까지는 미소 짓지 마라_Don't smile before Christmas며 초임 교사에게 잘못 충고한다는 지적이 있습니다.5

순수한 마음에 아이들과 친하게 지내고 싶어서 친구처럼 허물

없이 대하면, 학생들이 교사를 대하는 태도가 너무 불성실하게 되기 쉽고, 대들기도 하며, 말대답도 합니다. 심하면 학생들에게 무시당하는 경우가 생기기도 합니다. 우선, 학급의 질서유지를 위한 교사의 통제력과 엄격함이 필요합니다. 그래야 나중에 다정 다감하게 다가갔을 때 무지 감동합니다.

- 한국교총. 『새내기 선생님을 위한 교직생활 안내서』6

이 안내 조언을 겉으로 드러난 그대로 받아들인다면, 학생을 신뢰할 자율적 인격체가 아닌 강력하게 통제할 대상으로 보고 있거나 위계位階에 의존하는 교사의 자기방어로 비칠 수 있습니다. 하지만 이 말의 참뜻은 교사와 학생 간 지켜야 할 경계를 잘 유지하고, 초기의 질서교육이 중요하고, 마지막까지 긴장을 늦추지 말고 최선을 다하라는 의미로 이해하면 좋겠습니다.

교사는 학생이 교사의 눈치를 살피게 만드는 게 아니라, 학생의 눈빛을 살려야 합니다. 학생을 포로로 잡는 게 아니라 배움에 대한 포부를 품게 해야 합니다. 겉으로 드러난 학생의 행동보다도 보이지 않는 속마음을 잡아야 합니다. 교실은 승패가 달린 전쟁이나 엄숙한 법정이 아니고, 즐거운 배움의 공간입니다.

학생을 배움의 길로 이끄는 교사의 진정한 전문적 권위는 선생님을 진심으로 존경하는 학생의 마음에서 나옵니다. 교사와 학생의 상호 신뢰와 공감대를 형성하는 일은 어떤 프로그램이나 진도보다 훨씬 더 중요합니다.7 학생들과의 첫 만남에서 학생들이 믿고 따를 수 있는 모습으로 비치기를 바랍니다.

학급 담임의
첫 시간

    학급 담임을 맡아 반 학생들을 처음 만나러 복도를 걸어 갈 때면 설레면서 긴장감이 느껴집니다. 교사의 성공은 첫날에 무엇을 하는 가에 달려 있다는 말이 있습니다.[8] 첫날 첫 시간을 어떻게 보내느냐에 1년의 향방向方이 갈릴 수 있습니다. 데뷔début하는 신인 가수는 긴장을 극복하려고 수없이 연습하고 무대에 오릅니다. 교사도 꼼꼼히 준비한 다음에 교실 문을 열어야 합니다. 어느 교사는 "치밀하고 체계적으로 학급 운영의 기반을 닦아야 일 년 동안 흔들림 없이 학생들을 지도할 수 있다. 3월은 목숨 걸고 준비한다."라고 말했습니다.[9] 이처럼 중요한 3월의 첫 학급 시간을 새내기 교사는 누구보다 더더욱 꼼꼼하게 준비해야 할 것입니다.

    학급 학생들을 만나기 전에 먼저 이름과 얼굴을 기억하고, 인사말 등 소개를 어떻게 할지 준비해야 합니다. 담임의 교육철학을 반영한 학급 운영의 방향과 계획을 간단히 밝힐 준비도 필요합니다. 학생의 생활과 가정환경을 파악하면 필요한 도움을 제때 제공할 수 있습니다. 신입생이 아니면 이전 학년의 담임에게 학생에 관해 참고할 조언을 구할 수 있습니다. 하지만 선입견에 사로잡혀 학생을 대하지 않아야 합니다. 특별한 관심을 기울여야 할 학생을 파악해서 어떻게 지원할지를 살펴야 할 것입니다. 교실 환경, 자리 배치, 조회·종례 방식, 청소 등 역할 분담에 관한 계획을 세웁니다. 학생들이 빨리 친숙해져 좋은 학급 분위기를 이룰 방법을 생각하면 좋겠습니다.

처음부터 많은 말을 하거나 한 말을 자꾸 반복하지 않게 주의해야 합니다. 핵심을 간략히 전달하기 바랍니다. 신뢰를 깎는 지킬 수 없는 얘기를 하느니 하지 않는 게 낫습니다. 규칙을 지나치게 강조하면, 학생은 첫출발의 기대와 희망에 부풀기보다 위축될 수 있습니다. 학생과 학급에 대한 긍정적인 기대를 보이며 기분 좋은 여운을 남기는 시간이 되기를 바랍니다. 첫날 첫 시간을 잘 보냈다고 방심해서는 안 됩니다. "실제 교실의 모습과 더 가까운 쪽은 둘째 날이다."라는 말을 기억하길 바랍니다.[10]

교과 담임의
첫 시간

초임 교사의 첫 수업은 주인공이 집중된 조명을 받으며 모습을 드러내는 연극 무대에 비유될 수 있습니다. 기대와 호기심을 담은 학생들의 눈빛은 교사에게 쏠립니다. 학급 담임을 맡지 않은 초등학교의 교과전담 교사와 중등학교의 교과 담임교사는 첫 수업에서 학생들과 인사를 나누고 간단한 소개를 합니다. 학년 초에 임시로 반장을 정한 학급에서는 임시 반장이 학생들의 전체 인사를 이끄나 정해지지 않은 경우를 염두에 두고 교실에 들어가면 좋겠습니다.

첫 시간의 출석 확인은 수업 첫머리에 하는 게 일반적이나 필요에 따라 수업 중 어느 때든 다양한 방법으로 할 수 있습니다. 출석부가 교실에 비치되지 않은 상황을 대비해야 할 것입니다. 학급 담임의 첫 시간처럼 교과 담임이 수업에 들어가기 전에 학생들의 이름과 얼굴을 미리 익혀 출석을 부르면 학생들에게 큰 호감을 얻을 것입니다.

첫 시간에 당황하거나 말을 장황하게 늘어놓지 않아야 합니다. 어떻게 보낼지를 철저하게 구상하고 필요하다면 실제처럼 연습해도 좋습니다. 가르칠 교과의 계획과 개요를 간략하게 전달합니다. 학생들이 수업에서 지키길 바라는 사항도 당부합니다. 그런 다음에 준비한 잘 정제된 맛보기 수업을 진행합니다. 마지막으로, 학생들의 수업 태도에 관한 칭찬 등 소감을 짧게 밝히고 종소리에 맞춰 끝내기 바랍니다.

'첫 수업'은 마음을 설레게 만들지만, 걸어갈 먼 여정의 한 발걸음에 불과합니다. 미국의 헌신적인 교사의 표상表象인 에스퀴스Esquith는 훌륭한 교사는 익숙함이 무심함의 씨앗이 되지 않게 첫날뿐 아니라 매일매일을 진지하게 여긴다고 했습니다.[11] 첫 수업을 마치고 찍은 기념 사진 또는 첫 수업의 소감을 써서 되새기거나 학생들과 함께 한 행복한 기억을 틈틈이 교단일기로 쓴다면,[12] 무뎌질 수 있는 일상을 자극할 수 있지 않을까 싶습니다.

초임 교사의
3월

3월, 특히 첫 주의 초임 교사는 용기를 내어 조마조마한 마음으로 혼잡한 도심 운전에 나선 초보운전자의 처지와 비슷하다 할 것입니다. 면허를 갓 취득한 초보운전자는 도로 여기저기에서 울리는 경적 소리에 정신이 없고, 다른 차량의 흐름을 맞춰 가기가 쉽지 않습니다. 방향지시등을 깜빡이지 않은 채 갑자기 끼어드는 차에 깜짝 놀라듯 예기치 않은 교실 상황은 교사를 당황하게 합니다. 모든 운전자는 어설픈 초보의 때가 있듯이 처음에 겪는 어려움은 거쳐야 하는 통과의례이지만, 교무실에서 일상 사용되는 용어라도 초임 교사에게는 병영의 암구호暗口號처럼 들릴 수 있어 신경이 곤두서지 않을 수 없습니다.

교직 경험이 쌓인 선배 교사에게도 3월은 수월하지 않은 달입니다. 새 학년이 시작되는 3월은 업무가 쏟아지는 시기입니다. 초보 농부와 다르게 노련한 농부는 밭을 갈고, 씨를 뿌리고, 물을 대고, 거름을 주고, 잡초를 제거하고, 수확하는 시기를 잘 압니다. 선배 교사가 내심 당황하는 신규 교사와 다른 점이 있다면 경험을 통해 언제 무슨 일을 해야 할지를 안다는 것입니다.

학교가 돌아가는 전체적인 윤곽을 파악하기 위해서 해당 학년의 학사일정을 챙겨 살펴보기 바랍니다. 담당한 교과, 학년, 소속 부서의 해당 업무를 파악하면 좋겠습니다. 해당 업무의 전임前任 교사가 지난 학년도에 생산한 문서를 인수해서 확인하면, 무엇을 준비하고 해야 할지를 아는 데 도움이 될 것입니다. 익숙해지면 간단한 일이지만 처음 업무포털에 접속해서 문서를 확인하는 일은 쉽지 않을 수 있습니다. 궁금한 것과 필요한 자료가 있으면 선배 교사에게 바로 묻고 도움을 구해 해결해 가길 바랍니다.

교직은 수업을 준비해 가르치고 공식적으로 분담된 업무 외에도 드러나지 않게 손이 가는 일이 많습니다. 어린 학생들과 함께 생활하는 유·초등교육에서는 더욱 그렇습니다. 신규 교사는 첫날부터 정신없이 바빠 돌아가는 생소한 일과日課에 어려움을 겪지만, 곧 후배 교사를 맞이해도 될 정도로 안정될 것입니다. 새로운 것에 적응하는 힘, 새로운 것을 수용하는 역량은 새내기 교사의 장점입니다.

학급 운영의
유의점

초임 교사 때 일찍 출근해서 교실에 가 보면 부지런한 학생이 먼저 와 있곤 하였습니다. 하룻밤 사이의 묵은 퀴퀴한 냄새를 빼기 위해 내가 창을 열면 쭈뼛쭈뼛 학생이 따라 열더니 얼마 뒤 학생이 먼저 환기를 시켰습니다. 퇴근 전에는 교실에 들러 문단속 등 정리 상태를 확인하고 뒷마무리를 했습니다. 아이들이 잘해도 때로는 평소와 다르게 부족한 부분이 생기는 날이 있을 수 있기 때문입니다.

학생이 할 일에 미흡한 부분을 보이면, 책망하기보다 알아듣게 일깨워 주거나 인내심을 갖고 솔선수범하는 자세를 보이면 좋겠습니다. 훌륭한 교사는 학급 운영을 자율과 희망에, 보통의 교사는 규칙에 눈길을 둡니다.13 학생의 실수를 관용하고 학생을 신뢰하는 진심이 전해지면, 교사가 설령 학생을 꾸중한다 해도 학생은 꾸짖음을 고맙게 여기고 잘하겠다는 마음을 가질 것입니다. 평소에 학생을 존중하고 신뢰하는 교사가 어쩌다 학생에게 한 실수로 당황할 때, 학생은 괜찮다며 교사를 위로하려 할 것입니다.

교사는 학생에게 언행의 일치와 일관성을 보여야 합니다. 이랬다 저랬다 하면 학생은 '선생님이 왜 저러시지?'라고 생각하며 혼란스러워할 것입니다. 일하다 보면 한 가지 잣대로 처리하기 어려운 경우가 많습니다. 상황을 고려하여 유연하게 대처하되 학생들이 타당하다고 받아들일 수 있어야 합니다. 교사의 주관主觀으로 공평하다고 속단하여 내린 결정을 학생이 겉으로는 받아들여도 속으로 수용하지 못한다면 신뢰 관계에 손상이 생길 수 있습니다. 교사의 일방적인 지시와 결정이 아닌 학생과 소통하는 의사결정이 필요합니다.

교사는 학생이 학급 공동체 구성원으로서 역할과 책임을 다할 수 있게 챙길 일은 꼭 챙겨야 합니다. 하지만 학생이 배우는 과정에 있다고 해서 일일이 짚어 알려 줘야 하는 미성숙한 존재로 단순하게 여겨서는 안 됩니다. 교사가 학생을 자율적인 존재로 여기고 큰 기대치와 존중하는 마음과 여유를 갖고 대한다면, 학생은 더 크게 성장할 수 있을 것입니다.

학부모와 학년 내내 꾸준한 소통과 협력이 필요합니다. 바쁜 학년 초에도 하루에 몇 가정씩 짧게라도 전화해서 학교생활에 적응하는 자녀의 긍정적인 모습을 전하거나, 교사의 간단한 자기소개, 교육철학, 학급 운영의 방향과 다짐을 담은 '담임 편지' 같은 서신을 보내면 좋습니다. 담임 편지는 학부모의 불안감을 줄이고 교사를 신뢰하게 만듭니다.[14] 특히 자녀의 학교생활에 관해 궁금한 게 더 많을 신입생의 학부모라면 교사의 통화와 서신에 안도하고 믿음을 가질 것입니다. 전문가로 존중받으려면 믿음을 유지해야 합니다.

담임교사는 교육이 순수하게 지향하는 철학을 반영한 학급 운영 계획을 세워 일관되게 실천해야 합니다. 마리탱J. Maritain은 우리는 누구인가? 우리는 어디에 있는가? 우리는 어디로 가야 하는가?라는 세 가지 질문은 철학적 사색의 시작이라고 했습니다.15 교사는 철학자는 아니지만 이런 근본적인 질문을 교육관과 관련을 지어 학생들의 현재와 미래를 위해 고심하는 실천가, 안내자가 되어야 할 것입니다.

학급 운영과
갈등 해결 역량

신규 교사는 어려운 관문을 통과했다는 자긍심과 더불어 새로운 길에 대한 기대감에 부풀지만, 한편 긴장감도 상당할 것입니다. 예비 교사 과정에서 배운 것과 실제 교단은 크게 다른데, 경험이 백지상태인 초임 교사라도 25년 베테랑 교사와 거의 동일한 업무를 맡게 되는 게 학교 현실입니다.[16] 학급 담임은 경험이 출중한 교사에게도 매년 새로운 도전이라서 신규 교사가 학급 담임을 맡게 되면 홀로 헤쳐 나가야 하는 막막함을 느낄 것입니다.

어느 교사는 "교사가 하는 일을 크게 셋으로 나누면 담임 역할과 생활지도, 교과지도, 공문처리일 것이다. 교과지도는 수석교사, 공문처리는 교장(감)과 부장교사가 도와주는데 담임 역할과 생활지도는 누구도 지원해 주지 않는다. 이 역할에 대한 교육 없이 교직을 시작하고 마무리하는 게 맞는가?"[17] 어느 초임 교사는 "대학생 때 교육실습이나 초·중·고 학생의 학습 멘토링 외에는 별다른 학교생활 경험이 없어서 누군가의 도움 없이 담임 혼자 한 반을 이끌어 가기는 쉽지 않다."라고 말했습니다.[18] 이처럼 학급 담임의 역할에는 어려움이 따릅니다.

신규 교사라는 어색함을 덜어내고자 교육실습의 경험을 떠올리고 선배 교사의 행동을 살피며 어려움을 헤쳐 나갑니다. 하지만 럭비공처럼 어디로 튈지 모르는 에너지 넘치는 학생들을 상대로 하는 일이어서 늘 노심초사하게 됩니다. 한 신규 교사는 "많은 업무 중에서 스스로 가장 준비되지 않았다고 생각한 것은 단연 담임 업무였다."라고 밝히며, 다음과 같이 경험에 비추어 갈등 해결 역량이 담임교사에게 가장 필요하다고 말했습니다.

> 사소한 일들로 왜 그렇게 싸우는지, 교재 연구보다 아이들 간 다툼을 중재하거나 학부모님께 전화를 드리는 것에 훨씬 많은 시간을 할애했다. 수업을 잘하는 것보다, 학생 간 갈등을 바로바로 해결할 수 있도록 돕는 것이 교사의 가장 중요한 책무라는 생각이 들었다. 크고 작은 다툼을 현명하게 처리하려면 대화 방법, 학생의 심리, 경중에 따라 심지어는 학교 교칙이나 교육청 지침까지도 빠삭하게 알고 있어야만 했다. 사람과 사람 사이의 문제가 가장 어려운 만큼, 갈등을 잘 중재하는 담임교사가 되기 위한 장기간의 준비가 필요해 보였다.
> — 김한별. 「내일이 더 기대되는 학교」[19]

학급 담임은 다양한 학생들과 상호작용을 하며, 돌발적 상황에 적절하게 대처할 수 있어야 합니다. 학생의 심리를 이해할 수 있고, 상담 및 대화법을 익혀야 하고, 모의상황 연습을 통해 문제 해결의 역량을 갖추어야 합니다. 틈틈이 심리·상담·생활지도·학급 운영 연수에 참여하고, 관련 서적을 읽어 필요한 전문성을 갖춰 가길 바랍니다. 신규 교사가 마주할 갈등 가운데는 난감한 일도 있겠지만, 도움을 줄 경험 많은 선배 교사들을 믿고 자신 있게 학급경영을 하기 바랍니다.

이름
부르기

의미 있는 관계 형성 없이 의미 있는 학습은 일어나지 않는다는 말처럼,[20] 좋은 수업의 비밀은 관계입니다. 좋은 관계의 첫걸음은 서로의 얼굴과 이름을 익히는 일에서 시작합니다. 이름을 기억하고 부르면 관계에 생명의 숨을 불어넣는 것과 같다 할 것입니다. 호명呼名은 존재를 인정하는 메시지이자 소통의 시작입니다.

학생은 자신의 이름을 불러 주는 선생님을 내심 더 반기고 따를 것입니다. 적절한 상황에서, 성을 빼고 이름만 부르면 좀 더 다정하게 느껴질 수 있습니다. 친밀감이 형성되어 때로는 이름 대신에 별명을 부르는 경우가 있습니다. 하지만 신체 특징을 빗댄 별명은 학생이 겉으로 드러내지 않아도 속으로는 불쾌할 수 있으니 삼가야 합니다. 만약에 별칭을 쓴다면 학생이 기분 좋게 받아들이고 성장에도 긍정적인 영향을 미칠 수 있는 것이어야 합니다. 어떤 교사는 학생의 이름과 희망하는 직업을 같이 불러 학생의 꿈과 목표를 이루게 격려하기도 합니다.

학생과 개별 또는 소집단으로 면담할 시간을 가지면 이름을 외우는 데 도움이 될 것입니다. 이름을 외우는 한 방법을 소개합니다. 처음 만난 자리에서 참석자들은 자신의 이름 풀이나 특징 등 기억하기 좋게 자기소개를 간단히 합니다. 이어서 소개하는 사람들은 앞서 한 모든 참석자의 소개를 반복한 뒤 자신을 소개합니다. 차례를 더할수록 해야 할 소개가 많아집니다. 참석자 모두가 전체 소개하게 될 때까지 반복하고 마무리합니다. 첫 시간에 이 방법을 활용하면 학생들은 금방 이름을 외어 곧 친숙해질 것입니다.

정기고사 전후에
살필 일

평가는 교수·학습 과정의 한 부분이며 효과적인 실천을 위한 주요한 요소입니다.[21] 평가 문제는 교육과정의 핵심과 가르치고 배우는 과정에서 강조된 내용을 담아야 합니다. 미국은 수시 과제에 대한 평가가 누적되는 과정 중심의 평가가 주를 이룹니다. 우리나라는 초등은 수행평가의 비중이 높아지고 있지만 아직 중등은 전체 학생을 한꺼번에 평가하는 정기고사가 수행평가보다 성적의 큰 부분을 차지하는 현실입니다. 우리의 중간·기말고사 출제는 시험 범위의 진도를 마칠 무렵에 일반적으로 이루어집니다. 수업 진도 계획이나 교수·학습과정안을 작성할 때, 교육과정의 핵심 성취기준을 살펴 먼저 초벌 출제를 하고 수업을 하며 다듬으면 평가 문제의 질을 높일 수 있습니다.

초등학교에서 중학교에 진학해 첫 중간고사를 맞는 학생들 가운데는 OMR_{Optical Mark Reader} 카드를 처음 접해서 작성하는 데 서툴 수 있습니다. 교사는 쉬운 일로 생각하여도 학생에게는 낯설어 어려울 수 있습니다. 이런 학생들을 위해 중간고사 전에 약식으로 과목별 출제 유형을 알게 할 기회를 마련하고, OMR 작성법을 지도할 필요가 있습니다. 고등학교에 입학한 학생들도 비슷할 것입니다. 학생들은 공부할 내용이 많아지고 수준이 높아져 당황할 수 있습니다. 선행학습 경험을 하지 못한 학생은 더욱 그럴 것입니다. 학교는 환경이 바뀐 학생들이 겪을 어려움이 무엇인지를 살펴야 합니다.

시험문제의 형식과 내용을 보고 출제한 교사의 전문성을 엿보기도 합니다. 문항제시문의 표현, 어법과 진술의 정확성, 난이도 조정, 선택지 배열의 논리적 순서 등 고려할 것이 많습니다. 서술형의 경우에는 의외의 다양한 응답이 있을 수 있으니 신중히 출제해야 합니다. 정기고사의 선택형 문제는 대학수학능력시험의 출제 형식을 참고하길 바랍니다. 학교 외부에서 위촉하는 출제위원으로 참여하면 평가 전문성을 높이는 데 도움이 될 것입니다.

공동출제는 출제 범위, 문항, 배점 등에 관해 출제 교사 간 나눈 의견을 대상 학급에 차이가 없게 안내해야 합니다. 공동출제는 교사 각자 출제하고, 함께 선제選題를 하고, 수정·보완·검토하는 과정이 필요합니다. 단독출제의 경우에는 이상 유무를 점검하기 위해 같은 교과의 교사에게 검토를 의뢰하는 게 바람직합니다. 사람이 하는 일은 실수가 따를 수 있지만, 시험문제는 철저하게 확인하여 사전에 오류를 차단해야 합니다.

내신 성적은 상급 학교 진학에 반영되고, 학생들은 점수에 민감한 편입니다. 시험이 끝나고 시험문제에 관한 이의가 제기되면, 교사의 자기방어 심리로 학생의 의견을 무시하는 태도보다는 귀담아

대화하길 바랍니다. 교사가 검토해 문제가 없다고 판단한 경우에는 학생이 긍정하게 설명해야 합니다. 학생이 수용하지 않거나 이유 있는 이의 제기라면, 공동으로 출제한 교사들과의 협의, 교과협의회, 성적관리위원회 등 규정된 절차에 따라 투명·신속·공정하게 처리해야 합니다.

미국과 독일은 학생의 개별 경험을 바탕으로 맞춤형 학습adaptive learning과 성취평가가 가능하게 데이터 마이닝data mining과 학습분석기술learning analytics를 활용한 디지털 평가 플랫폼digital assessment platform을 학교 교육에 활용하고 있습니다.[22] 최근에 우리도 온라인 학습자의 데이터를 효과적으로 활용하는 연구가 이루어지며,[23] 학습 데이터 관리에 관한 관심이 높아지고 있습니다. 미래를 살아갈 학생들을 가르치는 교사로서, 데이터를 활용해 개별 학생의 삶과 연계된 학습을 평가하는 변화의 흐름에 관심을 기울이길 기대합니다.

깨끗한
교실

깨끗하고 정리정돈이 잘된 교실에서 학생들은 몸가짐을 바르게 해, 안정되고 준비된 분위기 속에 기분 좋게 수업을 시작할 수 있습니다. 일과를 일찍 마친 어느 날, 학생들과 함께 교실을 물청소하는 담임교사를 보았습니다. 선생님은 맨발에 간편하게 입은 옷을 걷어 올리고 세제를 풀어 수세미와 손걸레로 바닥과 벽면의 구석구석 찌든 때와 얼룩을 닦았습니다. 학생들은 저런 모습이 있었나 싶을 정도로 서툴지만 열심이었습니다. 학생들은 애써 닦으며 교실을 깨끗하게 사용하리라는 마음을 갖지 않았을까 싶습니다. 청소를 끝내고 선생님은 학생들과 함께 간식을 먹으며 수고를 칭찬했습니다. 학생들이 쾌적한 환경에서 생활하게 하고 싶은 선생님의 사랑을 엿볼 수 있었습니다.

나의 교직생활을 돌아보면 학생들이 오랜 시간 생활하는 교실을 집처럼 청결하고 편한 공간으로 만들고자 신경을 썼습니다. 학생들이 서로를 배려하며 자기 책임을 다하고, 자유로우면서 질서 있는 생활 태도가 몸에 배도록 하였습니다. 필요할 때 외에는 책걸상을 좌우로 줄 맞춰 반듯하게 앉기, 휴지를 줍기보다는 떨어뜨리지 않기, 쓰레기통 주변과 청소함의 청결과 정리를 강조하며 쾌적한 환경에서 지낼 수 있게 노력했습니다.

학급 담임을 맡을 때마다 나의 이런 마음을 읽은 학생들의 협조와 열성 덕분에 깨끗하고 수업 분위기가 좋은 학급으로 인정받을 수 있었습니다. 내가 젊어 생활했던 한 학교는 당시에 80년이 넘은 역사만큼이나 낡은 건물이었습니다. 중학교 2학년인 우리 반 학생들은 열악한 교실 환경을 멋지게 꾸미고자 똘똘 뭉쳤습니다. 건물의 하중荷重을 지지하기 위해 교실 가운데 받친 쇠기둥에 화살표시를 덧붙여 '우리 반 기둥은 이것, 나라의 기둥은 우리'라는 슬로건slogan을 재미있게 장식하였습니다. 벽에 걸린 시계를 바닷게 모양으로 꾸미고, 밋밋하던 교실 뒤에 큰 패널panel을 만들어 걸어 반 친구들의 어릴 때 사진을 붙였습니다. 그 당시 학교마다 학년 초에 하던 환경미화 심사가 임박해서야 담임교사인 나에게 공개할 만큼 학생들끼리 비밀리에 진행한 작품이었습니다. 늘 깨끗하고 질서정연한 분위기가 영향을 미쳤는지 교직원 회의가 길어져 조회가 늦는 날에도 학생들끼리 재미있고 질서 있게 시간을 보낸 학급이었습니다.

나는 청결과 질서 면에서는 까칠한 모습으로 학생들에게 비쳤을지 모를 일입니다. 하지만 학생들이 교실에서 더욱 자유분방하게 생활할 수 있는 터전을 만들기 위한 단호한 나의 선택이었습니다. 윌슨Wilson과 켈링Kelling은 '깨진 유리창의 법칙Broken Windows Theory'에서, 깨진 유리창 하나 같은 사소한 무질서를 방치하면 더 큰 문제로 이어진다고 하였습니다.[24] 교실 바닥에 떨어진 휴지 하나가 교실의 무질서를 불러올 수도 있을 것입니다. 학생들은 담임교사의 관심과 정성에 동화되어 선생님을 닮는다고 생각합니다. 신규 교사 때부터 깨끗하고 머물고 싶은 교실을 잘 가꾸어 가기를 바랍니다.

행복한
교실

교실 창가에 자리한 화분 몇 개가 봄을 느끼게 합니다. 교실 앞 귀퉁이에 놓인 책꽂이에는 손때가 제법 느껴지는 몇 권의 책이 반듯하게 꽂혀 있습니다. 창틀 아래의 작은 빨래 틀에 가지런히 걸린 젖은 손걸레에서 누군가 수고의 흔적이 느껴집니다. 교탁 위에 펼쳐진 출석부 가운데 놓인 볼펜은 선생님의 손길이 닿기를 기다리고 있습니다. 교탁 면 한편에는 반 전체를 한눈에 알아볼 수 있게 학생들의 사진 좌석표가 비닐에 싸여 부착되어 있습니다.

교실 바닥에 떨어진 휴지 하나도 눈에 띄지 않고, 껌 자국 같은 얼룩도 보이지 않습니다. 책걸상은 앞뒤와 옆의 간격을 맞춰 나란하게 정돈되어 있습니다. 교실 뒤편의 사물함은 관리가 잘되어 깔끔하고, 재활용 종류별로 다른 색상인 분리수거함은 똑바로 쌓아 올린 블록block 같아 보입니다. 쓰레기통은 깨끗하게 닦아져 정리함 같아 보입니다. 청소도구는 종류대로 정리되어 있습니다. 쓰레받기는 잘 포개져 구석에 각을 맞춰 깔끔하게 놓여 있습니다.

교실 벽에 드문드문 낙서를 애써 지운 흔적이 엿보입니다. 벽시계는 정확한 시간처럼 반듯하게 걸려 있습니다. 시계의 맞은편 벽에는 멋진 풍경 사진의 달력이 우리의 어제와 오늘, 그리고 내일을 알려 줍니다. 시선을 돌려 칠판을 바라보니 닦은 정성이 물씬 느껴집니다. 잘 닦인 칠판 턱받이에는 색색의 분필이 배열되어 닳기를 기다립니다.

좋아 보이는 이 모든 것 가운데 햇살 가득한 교실에 책상마다 앉아 환하게 웃고 있는 아이들이 가장 선명하게 눈에 들어옵니다. 교사에게 모든 시선을 모으는 초롱초롱한 눈망울의 아이들. 사소한 나의 한마디 한마디에도 까르르 웃음을 터뜨리는 고마운 아이들. 제각각 다채로운 색깔을 뽐내는 꽃과 나무처럼 자라는 아이들이 머물고 싶은 행복한 교실입니다.

학급 조회

시작이 좋으면 끝도 좋다는 말처럼 학교에서 하루를 시작하는 조회는 중요한 시간입니다. 조회는 학생의 정서를 안정시키고, 학생과 교사의 관계를 '조율'하여 긍정적으로 만드는 기회입니다.[25] 조회는 학생들에게 하루뿐만 아니라 지속할 삶의 자세와 방향을 생각하게 하고, 오래 기억해 간직할 학창 시절의 소중한 시간입니다.

안타깝게 한 신규 교사는 조회 시간에 무엇을 해야 할지를 물으면서 전달 사항이 없을 때의 상황과 통제하기 어려운 조회 시간의 고충을 온라인 게시판에 털어놓았습니다. 학생들에게 조회 시간에 조용히 해야 한다는 것을 학년 초에 알리지 않은 탓은 아닐까 생각한다며 조회 시간에 집중하지 못하는 학생들에 대한 어려움을 토로하였습니다.[26]

교사마다 조회 시간을 의미 있게 보내기 위해 노력하고 있습니다. 조회를 명상의 시간으로 삼아 하루를 차분하게 시작합니다. 반 친구들에게 소개할 명언과 인물에 관해 학생들이 돌아가면서 준비하여 발표하게 합니다. 늦게까지 공부하느라 피곤한 학생들이 편안하고 안정된 마음으로 하루를 시작하게 힘을 북돋는 것이 최우선이라고 생각하여 필요한 사항만을 짧게 전달하고 마치기도 합니다.

어느 학생은 우리 선생님이 조회 시간에 써 주신 것이라며 노벨 평화상을 수상한 함마르셸드Dag Hammarskjöld의 "아침의 신선함이 나른함으로 바뀌고, 올라가야 할 길이 끝이 없고, 갑자기 모든 일이 당신의 맘대로 되지 않을 때 그때가 바로 당신이 멈춰서는 안 될 때입니다When the morning's freshness has been replaced by the weariness of midday, when the leg muscles give under the strain, the climb seems endless, and suddenly nothing will go quite as you wish it is then that you must not hesitate."라는 글을 소개한 선생님을 자랑스럽게 널리 알립니다.[27] 매일매일 조회 시간의 가치를 드러낼 수 있기를 바랍니다.

학급 종례

캐나다의 작가인 마가렛 애트우드Margaret Atwood는 과거를 되돌아보아야 해결해야 할 문제가 무엇인지를 알게 된다고 했습니다.[28] 누구나 성찰할 시간이 필요합니다. 종례 시간은 하루를 마무리하며 학생의 수고를 격려하고, '학생들이 서로를 존중해야 하는 이유와 방법을 익히고, 건강한 인격체로 성장하기를 바라는 교사의 마음이 담긴 시간'이어야 합니다.[29]

종례 시간이 갖는 많은 장점에도 불구하고, "학창 시절의 종례 시간을 생각하면 늘 부산스러웠다. 아침부터 시작된 수업을 끝내고 학교를 벗어나고픈 마음에 엉덩이는 늘 들썩거렸다. 그런 우리에게 숙제와 준비물과 방과 후에 학칙에 어긋난 행동을 하지 않도록 엄포를 놓으시는 선생님 …"이란 글에서 알 수 있듯이,[30] 종례는 어수선하거나 지루한 시간으로 기억되기도 합니다. 아래의 글은 중학생이 쓴 '종례 시간의 선생님'이란 게시글을 간추려 정리한 것입니다. 학생의 눈에 비친 종례 시간이 짧을수록 좋고 없으면 더 좋을 시간으로 변해 가는 모습을 보는 듯하여 씁쓸하고, 종례 시간을 짜임새 있게 다룰 수 있는 교사의 전문성을 돌아보게 합니다.

> 종례 시간에 대부분 떠들거나 장난을 친다. 설문지나 가정통신문 나눠 주고, 자리가 지저분하다 지적하고, 애들이 싸우면 더 길게 하거나, 잔소리하거나, 짜증이나 화를 내거나 … 오늘은 그냥 애들의 버릇이나 행동에 대해 말씀하셨다. 더욱 진지하고 길게 하셨다. 빨리 끝나라 생각하면서 기다리는데 갑자기 옆 애가 나를 툭 치고 재빨리 아닌 척한다. 나도 씩 웃으면서 한 번 따라 한다. 그런데 갑자기 선생님이 내 책상을 친다. "너 왜 떠드니? 너 요즘 이상하다. 왜 자꾸 종례 시간에 떠들어?" 거의 죽은 듯이 있었는데 무슨 요즘? 시작한 것도 옆인데 … 속으로 중얼거렸다. 종례가 끝나 갈 무렵, 옆에서 다시 장난을 치는 것을 보았다. 둘러보니 절반 이상이 그랬다. 선생님이 내 생각을 볼 수 있는 것도 아니고, 떠드는 19명을 혼자서 저지해야 하는데 누가 떠들든 눈에 띈 내 잘못이지. 이렇게 생각하니 선생님이 짜증 내는 것도 대충 이해가 되었다.
> — 어느 중학생. 「종례시간의 선생님」[31]

종례 시간이 짧게 끝나기를 바라는 학생의 마음과 어긋나게 별로써 길게 하는 일이 있습니다. 늘어지는 훈계는 하루를 마무리하는 교실을 무겁게 합니다. 박일환 시인의 시 「반성문」, "선생님, 이건 비밀인데요. 어제 진수가 유리창을 깼다고 자수했잖아요. (중략) 진수는 그냥 자기가 뒤집어쓴 거예요. 안 그러면 종례가 언제 끝날지 모르니까요."처럼,[32] 종례 시간의 무거운 분위기를 견디기 힘든 학생은, 어찌하든 빨리 마쳤으면 합니다. 하루의 이런저런 일로 인한 불편한 마음을 털고 편하게 잠자리에 들어야 바람직하듯, 종례 시간도 학교생활의 유쾌한 마무리가 되어야 합니다.

　말의 길이와 설득의 무게는 비례하지 않으며, 훨씬 짤막한 몇 마디로 성공적 반응을 이끌 수 있습니다.[33] 학생들이 종례 시간을 부담스럽거나 무료無聊한 시간으로 느끼지 않게 전달 사항과 훈화를 정리해 간략하게 전달하면 좋겠습니다. 종례 시간을 의미 있게 만들기 위해 하루 생활의 소감을 짧게 발표하는 장으로 기획하거나, 화이트보드를 이용한 종례 신문으로 전달 사항을 가름하고 다른 일로 알차게 시간을 보내는 사례가 있습니다.[34] 어느 초등학교 교사는 학생들이 자원해서 다음 날의 일정을 학급 게시판에 기록하게 하여 일정표를 보는 법과 활동을 기록하는 법을 아는 기회로 활용하고 있습니다.[35]

　"곧장 집으로 가지 말고 길가에 핀 꽃들에게 손도 흔들어 주고, 나무도 한 번씩 안아 주고 가라고 말했더니, 한 녀석이 '그러면 남들이 미쳤다고 그래요'라고 해서 한바탕 소란스럽게 웃었습니다." 라는 도종환 시인의 교사 시절 에피소드가 있습니다.[36] 이처럼 하루를 웃음꽃으로 마무리하면 좋겠습니다. 오랜 세월이 흐른 뒤에도 학생들이 종례 시간을 아름답게 추억할 수 있기를 바랍니다.

학생과
함께 하기

학생이 있는 곳이면 교사도 함께 있어야 합니다. 학생에 따라 이른 시간에 자유롭게 등교하는 우리나라와 다르게 미국은 학생 임의대로 교사$_{校舍}$ 안으로 들어올 수 없습니다. 교문과 학교 건물의 현관을 개방하는 규정된 시간 이전에는 밖에서 기다려야 하고, 날씨가 좋지 않을 때는 특별히 강당에 임시로 있다가 교실에 들어갑니다.[37] 학생이 학교에 들어오면 그 순간부터는 학교 책임이기 때문에 혹시나 발생할 수 있는 사고를 예방하는 차원에서 교직원이 각자 맡은 역할을 다할 준비가 되어 있을 때 학생은 학교 내로 들어올 수 있습니다.

체험학습, 자습, 청소 등 학생이 활동하는 현장에서 교사가 지도하는 것을 가리켜 '임장$_{臨場}$ 지도'라고 합니다. 임장 지도는 학생을 보호·지원하는 관점의 사제동행이라 할 것입니다. 교사는 학생이 교육의 장소에 머무는 내내 학생에게 눈길을 보내야 합니다. 예를 들면, 청소 시간에 학생들끼리 보내게 해서는 안 됩니다. 청소 시간에 다툼이나 사고가 종종 일어납니다. 교사의 임장 여부와 사고의 예견 가능 정도에 따라 책임의 경중이 달라질 수 있습니다. 학생이 교실 창을 닦다 건물 밖으로 떨어져 척추 손상을 입은 일이 있었습니다.[38] 담임교사는 예방하지 못한 자책감에 더하여 법적 책임을 따져야 하는 난감한 처지에 놓여야 했습니다.

수업의 시작과 끝나는 시간을 잘 지켜야 합니다. 전화를 받느라 수업에 조금 늦은 사이에, 수업 중에 교구敎具를 가지러 교무실에 잠깐 들른 사이에, 급한 공문 처리 때문에 수업을 조금 일찍 마치고 교무실로 돌아온 짧은 시간에, 학생 간 다툼이 일어난 사례가 있습니다. 안전사고에 특히 유의해야 할 체육 활동이나 과학실에서의 실험 때 임장 지도는 더더욱 중요합니다. 법적 책임 여부를 떠나 '사제동행'을 떠올리며 아무리 바빠도 학생이 있는 곳에는 반드시 교사가 함께 해야 한다는 것을 기억하길 바랍니다.

점심시간
지도

긴장이 풀어지는 점심시간에는 사고 발생 위험률이 비교적 높습니다. 충청북도교육청의 자료에 따르면, 학교 안전사고는 점심시간과 방과후학교 때 가장 빈번하게 발생하였고, 체육 시간과 쉬는 시간이 뒤를 이었습니다. 학교급 가운데 중학교의 발생률이 가장 높았습니다.[39] 한국교육개발원의 학교안전사고 현황에 따르면, 형태별로는 '부딪힘과 물리적 힘 노출'이 약 80%, 시간별로는 '체육 시간과 점심시간'에 약 50%, 장소별로는 운동장에서 초등학교는 약 35%, 중·고등학교는 약 50% 정도가 발생했습니다.

점심시간에 발생한 사고는 책임을 가리는 소송으로 이어지기도 합니다. 친구의 장난으로 다친 학생의 가족이 학교를 상대로 낸 손해배상청구소송에서, 점심시간은 교육활동의 연장이므로 보호감독의 의무가 학교에 있지만, 예측해 막을 수 있는 것이었다고 볼 수 없다며 감독 소홀 책임을 묻는 것은 부당하다는 대법원의 결정이 있습니다.[40] 반면에 학생이 학교에 머무는 시간을 폭넓은 교육 활동으로 간주하여, 점심시간에 친구들과 교실에서 놀다가 창문에서 떨어진 사고의 경우는 학교의 책임을 인정하여 학교안전공제회에서 공제급여를 지급하게 한 법원의 판결이 있습니다.[41] 학생의 활동이 증가하는 추세를 볼 때, 안전사고 예방에 각별한 관심이 필요합니다.[42]

식사 시간은 안전 지도뿐 아니라 질서와 예절 지도도 필요합니다. "모락모락 김 나는 급식대 앞으로 / 웅성웅성 벌떼처럼 / 모여든다"라는 김용삼 시인의 동시가 있습니다.[43] 대부분 학교는 식당 규모가 협소합니다. 학생들이 뜨거운 국물을 담은 식판을 들고 가다가 서로 부딪히는 위험이 따를 수 있습니다. 다음 친구가 기분 좋게 자리에 앉을 수 있게 식사한 자리를 살펴 깨끗이 하고, 남은 반찬을 제대로 처리할 수 있게 가르쳐야 합니다. 바닥에 떨어뜨린 수저를 줍지 않거나 식탁에 음식을 흘리고 닦지 않는 행위에 대해서는 기분 나쁘게 나무라기보다는 교육의 차원에서 잘 알아듣게 지도해야 합니다.

책임감과 노파심으로 학생들을 일일이 쫓아다닐 수 없지만, 학생들이 점심시간에 자유롭게 지내면서도 자신들의 곁에서 늘 함께 하는 '가시적 존재_visible presence_'로서 교사의 존재감을 느낄 수 있어야 합니다. 교사의 손길이 학생들에게 직접 닿지 않아도 학생들이 자율적으로 질서와 예절을 지키는 생활이 몸에 배게 하면 좋겠습니다.

동아리
지도

학생들이 자발적으로 모인 동아리의 전통이 이어질수록 선후배의 관계가 돈독해지는 경우가 많습니다. 내가 고등학교 때 활동한 문학 동아리의 몇몇은 지금까지 만남을 이어 오고, 후배 재학생들의 활동 소식도 종종 전해 듣습니다. 동아리라는 공통점을 매개로 40년 넘게 관계가 유지된다는 것은 놀라운 일이 아닐 수 없습니다.

동아리는 학생들이 자율적으로 만들거나, 교사가 취미, 특기, 전공을 살려 만들기도 합니다. 연극에 관심을 가진 교사는 연극 동아리를 만들어 학교 축제 무대에 올립니다. 사진에 취미가 있는 교사는 학생들과 출사出寫를 하고 전시회를 엽니다. 촬영을 즐기는 교사는 학생들과 함께 단편영화를 만들며 출품하기도 합니다. 일부 교사는 전공을 살려 과학 실험 동아리 등 학생의 진로에 도움이 되는 활동을 지원하기도 합니다. 최근에는 드론Drone 조종, 3D 프린터 같은 새로운 동아리가 생기고 있습니다.

교내의 동아리 활동이 다른 학교와의 교류로 이어지면 사회적 관계와 시야를 넓힐 기회가 될 것입니다. 인스타그램Instagram, 유튜브

YouTube 같은 SNS 활동으로 연계할 수 있을 것입니다. SNS는 일상생활을 공유하는 수준을 넘어, 사업의 성패를 가를 만한 수단 등 필수적인 소통의 도구가 되어 가고 있습니다. SNS 활용을 가르치면 학생의 장래 직업 세계에서 활동의 폭을 넓히는 데 도움이 될 것입니다.

학생들은 동아리 활동의 결과물을 발표할 기회를 가질 수 있어야 합니다. 전시와 발표를 준비하는 과정에서 기획력을 키우고 성취의 기쁨을 느낄 수 있을 것입니다. 시행착오를 겪으며 체득·체화되는 끈끈한 지식sticky knowledge를 쌓고 발전시키는 계기가 될 수 있을 것입니다.[44] 학생은 성공뿐만 아니라 실패를 통해서도 성장합니다. 학생들과 함께 하는 동아리 활동을 통해서도 교직의 즐거움과 보람을 누리기 바랍니다.

참고문헌

1 수호믈린스키 교육사상연구회 옮김(2010). 선생님들에게 드리는 100가지 제안. 고인돌. p. 23.

2 이중(2017). 마지막 가정통신문. 모두의 책. p. 101.

3 한경(2004). 첫인상 5초의 법칙. 위즈덤하우스. pp. 29-35.

4 안준철(2012). 오늘 처음 교단을 밟는 당신에게. 문학동네. p. 30.

5 홍한별 옮김(2012). 가르친다는 것. 양철북. p. 42-43.

6 한국교총(2017). 새내기 선생님을 위한 교직생활 안내서. p. 26.

7 김명신 옮김(2008). 젊은 교사에게 보내는 편지. 문예출판사. p. 26.

8 김기오, 김경 옮김(2013). 좋은 교사 되기. 글로벌콘텐츠. p. 18.

9 한국교육신문(2020. 3. 9). 개학 후 일주일, 일 년을 좌우한다.

10 박인균 옮김(2014). 당신이 최고의 교사입니다. 추수밭. p. 65.

11 박인균 옮김(2014). 당신이 최고의 교사입니다. 추수밭. p. 31, p. 65.

12 박남기(2010). 최고의 교수법. 생각의 나무. p. 110; https://blog.naver.com/wldmsaledma

13 송형호 옮김(2014). 훌륭한 교사는 무엇이 다른가. 지식의 날개. pp. 37-38, p. 199.

14 한국교육신문(2020. 3. 9). 개학 후 일주일, 일 년을 좌우한다.

15 유인종, 주영흠 옮김(1991). 교육철학을 위한 사색. 양서원. p. 147.

16 이찬승, 은수진 옮김(2017). 학교개혁은 왜 실패하는가. 21세기교육연구소. p. 180.

17 twitter@virtush1

18 김한별(2018). 내일이 더 기대되는 학교. 교원교육소식 88호. 한국교원교육학회.

19 김한별(2018). 내일이 더 기대되는 학교. 교원교육소식 88호. 한국교원교육학회.

20 Comer, J.(1995). Lecture given at Education Service Center. Region IV. Houston, TX. www.ascd.org/publications/educational-leadership/apr08/vol65/num07/Nine-Powerful-Practices.aspx.

21 고재천, 권동택, 김은주, 박상완, 박영만, 이정선, 정혜영 옮김(2009). 성공하는 교사의 첫걸음. 시그마프레스. p. 307.

22 김나영, 임종헌(2019). 디지털 세상에서의 학교 만들기. 교육개발 겨울호. 한국교육개발원.

23 장혜승, 김은영, 김성미, 이은주, 조일현, 정광식, 김지현(2020). 온라인 학습분석 기반 맞춤형 교육지원 방안 연구. RR2019-08, 한국교육개발원.

24 Kelling, G. L., & Wilson, J. Q.(1982). Broken window. Atlantic monthly, 249(3), pp. 29-38.

25 최성애, 조벽(2012). 청소년 감정코칭. 해냄. p. 85.

26 http://cafe.daum.net/teacherexam/5yG5/24812?q=조례시간

27 http://cafe.daum.net/Asing

28 이찬승, 김은영 옮김(2015). 학교교육 제4의 길①, 학교교육 변화의 역사와 미래방향. 21세기교육연구소. p. 24.

29 김권섭(2018). 종례 시간. 다산초당. p. 5.

30 http://blog.yes24.com/blog/blogProfile.aspx?blogid=jesushyun71

31 http://cafe.daum.net/ochanbul25/2fK1/1840?q

32 박일환(2018). 덮지 못한 출석부. 나라말. p. 16.

33 박종봉 옮김(2005). 성공하는 리더는 이렇게 말한다. 비즈앤비즈. pp. 47-49.

34 송형호(2018). 송샘의 아름다운 수업. 에듀니티. pp. 100-102.

35 고재천, 권동택, 김은주, 박상완, 박영만, 이정선, 정혜영 옮김(2009). 성공하는 교사의 첫걸음. 시그마프레스. p. 97.

36 도종환(2004). 사람은 누구나 꽃이다. 좋은생각. p. 66.

37 주삼환(2005). 미국의 교장. 학지사. pp. 88-89.

38 임종수(2014). 학교생활 필수법률. 계백북스. pp. 199-200.

39 국민안전방송(2017. 5. 7). 학교 안전사고는 점심시간·방과후학교 때 가장 "빈번."

40 연합뉴스(1993. 2. 13). 친구사이의 사고는 학교측 배상책임 없다.

41 서울신문(2011. 11. 23). 교내 점심시간 추락사고 학교 책임.

42 길혜지(2016). 통계로 본 학교안전사고 현황. 교육정책포럼 통권 281호. 한국교육개발원.

43 동화읽는가족 초대시인(2008). 점심 시간 만세. 푸른책들, p. 20.

44 이정동(2017). 축적의 길. ㈜지식노마드. p. 131.

스승의 길

　학생은 교사에게 위안과 기쁨의 존재이고 보람의 원천입니다. '선생님 사랑해요. 선생님의 모든 점이 아름답습니다. 항상 아름답게 수업해 주셔서 감사드립니다. 정신을 일깨워 주시며 바르게 성장할 수 있도록 지도해 주시고, 항상 학생들과 함께 매우 친근하게 지내십니다. 매일매일 좋은 말씀과 격려의 말을 해 주시고 용기를 북돋아 주십니다. 미래의 인생에 대한 멘토mentor가 되어 주셔서 든든한 버팀목이라는 느낌을 받을 수 있었습니다. 뒤처지는 학생이 없도록 모두를 격려하십니다.' 이 같은 학생들의 칭양稱揚은 모든 어려움을 일순간 녹이며 가슴을 뭉클하게 합니다.

　새내기 교사인 제자에게 보낸 편지에 "정말 감사합니다. 선생님께서 주신 가르침과 사랑을 저도 학생들에게 많이 베풀겠습니다. 말씀대로 열심히 하겠습니다. 편지를 마음속에 깊이 새기고 힘들 때마다 다시 읽으며, 임용될 때 그 초심을 잃지 않고 성실하고 청렴하게 임하겠습니다."라는 답장을 보낸 제자는 어느 훈장과도 비할 수 없는 나의 자랑입니다. 가브리엘 루아Gabrielle Roy는 "혈연관계를 초월하는 가장 신비로운 소유의 힘에 의하여 내가 그들의 한 부분이듯이 그들 또한 나의 한 부분"이라고 스승과 제자의 불가분의 관계를 말한 것처럼,[1] 나의 분신分身을 보는 듯 가슴이 벅차면서 앞으로 제자가 짊어질 교직의 무게에 숙연해집니다.

교직의 여정을 시작하는 모든 교사가 참된 스승의 길을 걷기 바라는 마음으로 마지막 당부를 하며 새내기 교사를 위한 교사론을 마무리하고자 합니다. 사도師道는 힘든 만큼 보람이 큰 의미 있는 길입니다. 가르치는 일은 하면 할수록, 알면 알수록 더욱 어렵고 조심스러워 겸손함이 동반되어야 합니다. 교사의 자질을 제대로 갖추어 교직을 시작하기는 드문 일이고 연륜이 쌓여도 충분하다고 말하기 어렵습니다.

이런 부족함 때문에 가르치는 직분은 열정과 사명감이 우선이고 겸손하게 가르치고 끊임없이 배우려는 태도가 필요합니다. 학생이 꿈을 이루도록 가르치는 교사는 '희망'을 가리켜야 합니다. 안주安住하지 않고 삶의 가치를 더하는 목표를 향해 활기차게 도전하는 모습을 학생에게 보여야 합니다. 학생의 바람을 실현하게 하고픈 마음으로 학생에게 바라는 본보기를 보이며 꾸준하게 성장하기를 바랍니다.

미국의 비판적 지성인이자 교육자인 조너선 코졸Jonathan Kozol은 학생의 기억에 가장 오래 남는 수업은 공책에 필기한 내용도 교과서에 인쇄된 문장도 아니고, 수업하는 내내 교사의 눈빛에서 뿜어 나오는 메시지라고 했습니다.[2] 한참의 세월이 흐른 뒤에도 학생들이 보고 싶어하는 선생님으로 떠올리는 '가르침에 대한 열정'과 '학생을 사랑하고 존중하는 마음'을 드러낼 수 있게, 교실 문턱을 넘을 때마다 소원하기 바랍니다.

참고문헌

1 김화영 옮김(2003). 내 생애의 아이들. 현대문학. p. 264.
2 김명신 옮김(2011). 교사로 산다는 것. 양철북. p. 40, p. 172.

정일화

35년 동안 중등 교단에서 가르치고 있다. 교육행정학 박사로 틈틈이 교대와 사대 및 교육대학원에서 교사론, 교육실습의 이론과 실제, 교직실무, 교장학, 교육경영론, 교육행정 및 교육경영, 교육행정사례연구법, 교육인사행정 등의 교과를 맡아 교원의 재교육과 예비 교사 양성에 일조해 오고 있다.

교육에 대한 생각을 담은『알파스쿨』, 미국의 최우수 학교를 소개한『블루리본 스쿨』, 수업장학론으로『수업분석 및 수업코칭』, 문제 해결의 접근법에 관한『교육윤리 리더십』과『교육행정 사례연구』, 사례와 판례로 이해하는『학교폭력의 예방과 대책』,『교육행정철학』등을 출간했다. 개인 시집으로『첫눈』이 있다.

논문은「수업관찰 연수에 관한 사례 연구」,「교육전문대학원 교원양성체제의 탐색」,「공감기반 인성교육의 필요성과 방향 탐색」,「초·중등교사의 수업전문성 측정을 위한 ICALT 수업관찰도구의 타당도 검증」,「교육의 정치적 중립성의 헌법재판소 판례에 기반한 지방교육자치제 방향 탐색」,「헌법 제31조 제4항에 기반한 지방교육자치제 개선방안」,「교장의 직무기준 개발에 관한 연구」,「헌법재판소의 수석교사제 결정례의 평석을 통한 수석교사제 규율의 문제점과 개선방안」,「학교공동체의 공동사회·이익사회 지향성과 조직헌신도의 관계」등이 있다.

새내기 교사론
좋은 선생님이 되기 위한 교직실무의 길잡이

초판발행 2020년 7월 17일
2쇄 인쇄 2020년 8월 15일

지은이 정일화
펴낸이 채종준
펴낸곳 한국학술정보㈜
주소 경기도 파주시 회동길 230(문발동)
전화 031) 908-3181(대표)
팩스 031) 908-3189
홈페이지 http://ebook.kstudy.com
전자우편 출판사업부 publish@kstudy.com
등록 제일산-115호(2000. 6. 19)
편집팀 신수빈 이수현

ISBN 979-11-6603-000-0 93370